シェフが先生！

野菜は
すごい！

小学生から使える、子どものための
野菜たっぷり料理本

柴田書店

# はじめに

野菜は好きですか?
好きな野菜もあるし、ちょっと苦手な
野菜もあるかもしれませんね。

それにしても、おとなはどうして、
「野菜を食べなさい!」って、いうのでしょう?
野菜を食べると、なにかいいことがあるのでしょうか。

それはたぶん、野菜を食べないと、
体の調子がちょっと悪くなることを、
おとなは知っているからです。
そしてもちろん、野菜がおいしいということも。

この本には、いろいろな野菜を使った
料理がたくさんのっています。
料理をおしえてくれたのは、4人のシェフたち。
どのシェフも、野菜をおいしく食べる方法を、
たくさん知っています。

だから、この本の料理をつくるうちに、
好きな野菜を、もっとおいしく感じたり、
もしかしたら、あまり好きじゃなかった野菜が、
少しだけ好きになったりするかもしれませんよ。
つくりたい料理を見つけたら、
どんどんつくってみてくださいね。

## おとなの方へ

　この本では、子どもたちがつくれるよう、工程をできるだけ詳しくのせています。なかには、本来の方法とは異なる部分もありますが、つくれることを優先しています。
　子どものできることには個人差がありますので、調理にかかる時間や、料理の難易度は記していません。お子さんが、どれくらいのことができるのかを見極めて、必要に応じてサポートをしてあげてください。まだ包丁に慣れていないお子さんなら、やわらかい素材から。少しかたいものは、切りやすい大きさまで、材料を切ってあげるといいでしょう。また、熱いお湯や多めの油を使う作業も、子どもだけでは危険です。

# もくじ

## さあ、やってみよう！

## なるほど！豆ちしき

## レッツトライ！

## サラダ

## フライパンでつくる

## 鍋でつくる

## オーブンや
## オーブントースターで
## つくる

## めんとニョッキ

## 野菜でつくるおやつ

撮影　海老原俊之　天方晴子（p.54）

AD　細山田光宣

デザイン　能城成美、関口宏美（細山田デザイン事務所）

イラスト　加納徳博

編集　長澤麻美

「なるほど！豆ちしき」
参考文献：
『味・香り「こつ」の科学』（川崎寛也著／柴田書店刊）
『八訂準拠 ビジュアル食品成分表』（大修館書店刊）
『植物は感じて生きている』（瀧澤美奈子著／化学同人刊）
『ハロウィーンの文化誌』（リサ・モートン著／大久保庸子訳／原書房刊）
『暮らしを楽しむ 日本の伝統行事』（神宮館刊）

# この本の使い方

- この本には、いろいろな料理がのっています。まず、自分がつくってみたい料理をえらびましょう。
- つくる料理がきまったら、材料とつくり方の文章や写真を見て、必要な材料と道具をそろえましょう。道具は、本にのっているものとまったく同じでなくてもかまいません。たとえばバットがなければ、大きめのお皿を使うなど、かわりになるものをさがしましょう。
- 料理は、準備と順番が大事です。いきなりつくりはじめるのではなく、はじめにつくり方を読んで、やることの順番を、かくにんしておきましょう。
- この本では、最初にやっておくことを、（はじめにやっておくこと）のところにまとめてのせています。
- できあがったらすぐに盛りつける料理は、つくりはじめるまえに、うつわも用意しておきましょう。

# この本のきまりごと

- この本では、いも類もきのこ類も、野菜としてあつかっています。
- 野菜はすべて水で洗っていますが、「水で洗う」という文章は省略しています。書いていなくても、水で洗って使ってください。
- 分量の「大さじ1」は、計量スプーンの大さじ1ぱい分で、15㎖です。「小さじ1」は、計量スプーンの小さじ1ぱい分で、5㎖です。
- 「ひとつまみ」は、おとなの手の親指、人差し指、中指の3本の指でつまんだくらいの量。子どもの指なら、もう少し多めにつまみます。
- 「好きな量」は、自分の好みに合った量、または必要と思う量のことです。
- 材料の「酒」は、日本酒を使っています。「しょうゆ」と書いてあるときは、濃口しょうゆを使っています。薄口しょうゆを使うときは「薄口しょうゆ」と書いてあります。
- 材料の「だし」は、昆布とかつお節でとったものです。お家でいつも使っているだしでだいじょうぶです。
- 小麦粉は、薄力粉を使っています。
- 電子レンジは600Wのものを使っています。
- 「弱火」（◊◊◊）は、ほのおの先が鍋の底にあたらない状態。「中火」（◊◊◊◊）は、ほのおの先が鍋の底に少しあたっている状態。「強火」（◊◊◊◊◊）は、ほのおが鍋の底全体にあたっている状態が目安です。
- つくり方の文の中に出てくる時間は、だいたいの時間です。使う調理器具などによって、少しかわることもあります。
- 調味料の量も、だいたいの目安です。とちゅうで味見をしながら、自分の好きな味に調整するといいでしょう。
- 細かく切る、たくさんのお湯でゆでる、蒸す、油で揚げるなど、少しむずかしかったり、あぶなそうなことは、おとなの人に手伝ってもらいましょう。

# さあ、やってみよう！

# おしえてシェフ！

野菜を使った料理をおいしくつくるには、
なにが大事なんだろう？
切り方かな？　ゆで方や炒め方かな？
きっと、なにかコツがあるはずだよ。
シェフたちに、おしえてもらっちゃおう！

野菜大好き！
包丁で切るのもおもしろいし、
色もきれいだから料理がたのしくなっちゃう。

野菜より、お肉のほうが好きなんだけどな……
（あ、でも、おでんのだいこんは好きだよ）

あのね、お兄ちゃん。
野菜といっしょに食べると、お肉だって、
何倍もおいしくなっちゃうんだよ。

えっ、そうなの！？
じゃあ、ちょっとつくってみようかな。

料理をはじめるまえに、
身じたくをととのえましょう。

❶エプロンをつける。
❷髪が長い子は、髪をしばる。
　三角巾があればつける。
❸服のそでが長ければ、まくっておく。
❹つめが長ければ、切っておく。
❺手を洗っておく。

## おしえてくれるシェフたち

野菜のお菓子や、
ボリュームたっぷりの
おやつもあるわよ！

フランス料理レストラン
「モルソー」
秋元シェフ

野菜はおいしいって、
気づいてもらえたら
うれしいな。

イタリア料理レストラン
「モンド」
宮木シェフ

おべんとうにぴったりな
料理もあるから、
おべんとうも、
つくれちゃうぞ。

日本料理店
「賛否両論」
笠原シェフ

みんなが
つくりやすい方法を、
たくさん考えたよ！

中華料理レストラン
「4000チャイニーズレストラン」
菰田シェフ

# 料理をつくりはじめるまえに、おぼえておきたい基本

## ① 材料のはかり方

### 計量スプーンで量をはかる

» 大さじ1は15㎖、小さじ1は5㎖の計量スプーンを使う。はかり方は同じ。

※ ㎖は「ミリリットル」と読む。

大さじ1

液体は、ふちからこぼれないように入れる。

粉類は、山盛りにすくってから、すりきりベラですりきる。

大さじ½

粉類は、大さじ1の形にしてから、すりきりベラでまん中に線を入れて半分をかき出す。

計量スプーン

### 計量カップで量をはかる

» これは200㎖まではかれるもの。

※ 1ℓは、1000㎖と同じなので、200㎖の計量カップ5はい分。ℓは「リットル」と読む。

計量カップをたいらなところにおいて、材料を入れ、横からまっすぐ目盛りを見る。

計量カップ

### はかりで重さをはかる

» デジタルタイプが使いやすい。

※ gは「グラム」、kgは「キログラム」と読む。

先にうつわをのせて、目盛りを0gにしてから、うつわにはかりたいものを入れてはかる。

はかり

## ② 包丁のおき方

○

×

包丁をおくときは、刃をむこう側にむけて、まな板の奥のほうにおく。

まえにはみ出ていると、引っかけておとしたりするので、あぶない。

## ③ フライパンや鍋のおき方

○
柄

×

フライパンや鍋を火にかけるときは、柄を横のほうにむけておく。

まえにはみ出ていると、引っかけておとしたりするので、あぶない。

## ④ たまごのわり方と黄身のとり出し方

### ●わり方

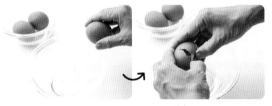

たまごをボウルのふちに
軽くあててひびを入れ、

ひびに指をあてて、から
をひらき、中身をボウル
に出す。

### ●黄身のとり出し方

たまごをわって、からの
ふちを使って白身をおと
しながら黄身と分ける。

または、中身を全部ボウ
ルに出してから、手で黄
身をとり出して分ける。

## ⑤ 野菜の皮のむき方

玉ねぎは、ボウルにため
た水の中にしばらく入れ
ておいてから、茶色い皮
を手ではがす。

にんじんやじゃがいもの
皮は、ピーラーでむく。

じゃがいもの芽は、ピー
ラーの両側の出っぱった
部分でくりぬくようにし
てとる。

ピーラー

## ⑥ 包丁の使い方

包丁は、「柄」の部分をしっかりもつ。ただし、
あまりギュッとちからを入れすぎないように。
切るときは、包丁をもっていないほうの手で
材料をしっかりとおさえる。包丁は、むこう
側におしたり、手まえ側に引いたりして切る。

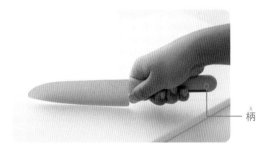

柄

○

材料をおさえるほう
の手は、指先を丸め
ておく。

×

指先がのびていると、
まちがって切ってし
まうことがある。

# ⑦ この本に出てくる野菜の切り方

## ● 薄切り

玉ねぎを薄切りにする

皮をむいて、たて半分に切った玉ねぎを、切り口を下にしておく。上と下の部分を切りおとす。

包丁をもっていない手で玉ねぎをしっかりおさえ、はじから薄く切っていく。

● ゴロゴロうごいて
切りにくい野菜を切るときは……

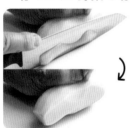 

はじを少し切りおとして、たいらにする。

たいらにしたほうを下にしておくと、ゴロゴロしなくて切りやすい。

● スライサーで切るときは……

スライサーは、薄切りにするときに便利な道具。使うときは、指を切らないようにじゅうぶん注意する。プロテクターを使ったり、手に軍手などをはめておくとよい。

プロテクター

スライサー

切ったところが丸くなる切り方。

## ● 輪切り

きゅうりを輪切りにする

包丁をもっていない手できゅうりをしっかりおさえ、はじから切っていく。

## ● ななめ切り

ごぼうをななめ切りにする

包丁をもっていない手でごぼうをしっかりおさえ、はじからななめに切っていく。

## ● 半月切り

にんじんを半月切りにする

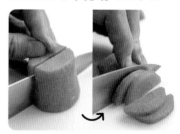

たて半分に切ったにんじんを、切り口を下にしておき、はじから切っていく。

## ● いちょう切り

だいこんをいちょう切りにする

たて半分に切っただいこんを、切り口を下にしてまた半分に切り、はじから切っていく。

## ● 細切り

にんじんを細切りにする

にんじんを、薄切りにする。

薄切りにしたものを何枚かかさねて、細く切る。幅1mmぐらいのときは、千切りという。

## ● 乱切り

「まわし切り」ともいう。

にんじんを乱切りにする

にんじんをまわしながら、形をそろえないで、ななめに切っていく。

## ● くし形切り

トマトをくし形切りにする

たて半分に切ったトマトのヘタの部分を、三角に切りとる。

同じ形になるように切る。

## ● みじん切り

玉ねぎをみじん切りにする

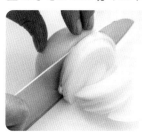  

半分に切った玉ねぎを、たてに薄切りにする。

薄切りにしたものを何枚かかさねて、はじから細かく切る。

もっと細かくするときは、包丁の刃の先を上からおさえて、柄を上下にうごかして切る。

## ⑧ そのほかの道具

**ボウル**

材料を混ぜたりするときに使う。大きいものと小さいものがあると便利。

**ザル**

水やお湯をきるときに使う。

**バット**

材料をならべたり、粉をつけたりするときに使う。

**フライパン**

くっつきにくい加工がしてあるものがよい。大きいものと、小さいものがあると便利。

**鍋**

柄がついた「片手鍋」と、もっとところが２つついた「両手鍋」がある。

**タイマー**

ゆで時間、煮こみ時間などをセットしておくと、音で知らせてくれる。なければふつうの時計で時間をはかる。

ヘラ　　お玉　　フライ返し

穴あきお玉
あみじゃくし

泡立て器　　さいばし

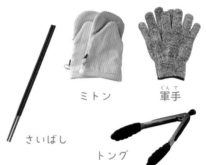
ミトン　　軍手
トング

---

## この本で使う、基本の調味料と便利調味料

### ● 基本調味料

塩／コショウ／しょうゆ（←濃口しょうゆ）／薄口しょうゆ／酢／酒／みりん／さとう／みそ／サラダ油／ごま油／バター（←有塩バター）／無塩バター／カレー粉／マヨネーズ／ケチャップ／オイスターソース

### ● 便利調味料

**粉チーズ**
乾燥させて粉にしたチーズ。かたまりのパルミジャーノ・レッジャーノ・チーズを、すりおろして使ってもよい。

**アンチョビペースト**
カタクチイワシ科の小魚でつくるペースト。塩味とうま味が強い。ペーストがなければ、アンチョビを細かく切って使ってもよい。

**オリーブオイル**
オリーブの油。材料を炒めるときなどは、ふつうのオリーブオイルを使い、料理のしあげにかけるときは、おいしいエクストラ・バージン・オリーブオイルを使うとよい。

**鶏がらスープのもと**
水にとかすと、鶏のスープになる。

# サラダ

· · · · · · · · · · ·

なんか野菜<sub>やさい</sub>がたりないな、と思<sub>おも</sub>ったら、サラダをつくるといいよ。生<sub>なま</sub>の野菜<sub>やさい</sub>を切<sub>き</sub>って、ドレッシングをかけるだけのサラダもあるし、ゆでた野菜<sub>やさい</sub>に、マヨネーズなどをからめてつくるサラダもあるね。ほかにもいろいろなサラダがあるから、つくってみてね！

# 野菜とツナの和風サラダ

ツナを入れたドレッシングは、生野菜にぴったり。
水菜や豆苗、コーンを入れてもおいしいよ。

## つくりやすい量の材料

缶詰のツナ…1缶（←70g）

レタス…$\frac{1}{2}$こ

きゅうり…1本

ミニトマト…4こ

塩…2つまみ

白ごま…小さじ1

## つくりやすい量の
## ドレッシングのもとの材料

★
- ぬるま湯…大さじ2
- こぶ茶…小さじ$\frac{1}{2}$

◆
- サラダ油…大さじ2
- 酢…大さじ2と$\frac{1}{2}$
- しょうゆ…大さじ3
- さとう…大さじ1と$\frac{1}{2}$
- すりおろしたしょうが…小さじ1

※ツナは、ほぐれたフレークタイプが使いやすい。油が多ければ、少しすてる。

こぶ茶

レタスは水につけておくと
パリッとしておいしくなる。
きゅうりは少しつぶすと、
味がからみやすくなるよ。

## つくり方　（はじめにやっておくこと）

のこったドレッシングの
もとは、とっておいてまた別のサラダに使えるよ。

★をよく混ぜ合わせる。

◆をボウルに入れる。★を加えて混ぜ、ドレッシングのもとをつくる。

ツナを別のボウルに入れ、ドレッシングのもとの半分を入れてよく混ぜる。

レタスは手でちぎり、水に10分ぐらいつけておく。

こうすると、きゅうりの草っぽいにおいが消えるんだ。

ビニール袋に入れて、すりこぎで軽くたたいてもいいよ。

1 きゅうりはまな板において全体に塩をふり、手で少しおしながら、上下に5回ぐらいころがす。

2 水で洗って、まな板におく。手のひらの下の部分をあてて、体重をかけてつぶす。

3 3cm長さぐらいに切る。

（盛りつける）

水気をとらないと、サラダが水っぽくなってしまうよ。

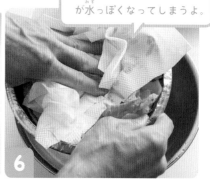

4 ミニトマトはヘタをとって、横半分に切る。

5 レタスをザルにあけて、水気をしっかりきる。

6 ペーパータオルで、のこった水気もしっかりとる。

7 うつわに、6のレタスと3のきゅうり、4のミニトマトをバランスよく盛りつける。

8 ツナの入ったドレッシングを、全体にかける。

9 白ごまを、全体にふりかける。

## つくりやすい量の材料

薄切りの豚ばら肉
　…200ｇ

サニーレタス…3枚

赤玉ねぎ…$\frac{1}{2}$こ

豆苗…$\frac{1}{2}$パック

万能ねぎ…3本

ごま油…大さじ1

黒コショウ…少し

酒…大さじ2

しょうゆ…大さじ2

みりん…大さじ2

さとう…小さじ1

★ すりおろしたにんにく
　…小さじ$\frac{1}{2}$

すりおろしたしょうが
　…小さじ$\frac{1}{2}$

白すりごま…小さじ1

マヨネーズ…大さじ3

水…大さじ1

◆ 酢…小さじ1

さとう…小さじ1

しょうゆ…小さじ1

※豆苗は、えんどう豆の若い
　葉と茎の部分。
※黒コショウはなくてもよい。

水につけた
野菜の水気を、
しっかりとることが
大事だよ。

# 焼き肉サラダ

焼き肉といっしょだと、
野菜がいくらでも食べられちゃうね。
赤玉ねぎは、ふつうの玉ねぎより
からくないから、
生でもおいしく食べられるよ。

## つくり方 〈はじめにやっておくこと〉

豚肉は、3cm幅に切る。

★をボウルに入れ、豚肉
を入れてよくもみこむ。
15分ぐらいつけておく。

◆は混ぜ合わせておく。

サニーレタスは手でちぎ
り、ボウルに入れた水に
つけておく。

（野菜を切る）

1

赤玉ねぎは、たてに薄く切る。

2

豆苗は、根のついたスポンジの部分を切りおとしてから、半分に切る。

3

1と2を、レタスの入った水に入れて、いっしょに10分ぐらいつけておく。

4

万能ねぎは、3mm幅くらいに切る。

（肉を焼く）

5

フライパンにごま油を大さじ1入れて、中火にかける。少し温まったら、豚肉を汁ごと入れる。

6

さいばしで、ときどき混ぜながら炒める。豚肉に火がとおって白っぽくなったら、火をとめる。

（盛りつける）

7

3をザルにあけて、しっかり水気をきる。ペーパータオルで、のこった水気もしっかりとる。

8

7をうつわに盛りつける。◆を、全体に好きな量かける。

9

6の豚肉をのせて、汁もかける。4の万能ねぎをちらして、黒コショウを少しふる。

19

# シーザーサラダ

シャキシャキしたレタスのサラダだよ。
こくのあるドレッシングが
レタスによく合う！

野菜とドレッシングは、
食べる直前に混ぜるよ。
時間がたつと、
しんなりしちゃうからね。

## 2人分の材料

グリーンカール…$\frac{1}{2}$こ

（←100gぐらい）

厚切りのベーコン…30g

サラダ油…小さじ1

粉チーズ…10g

グリーンカール

### つくりやすい量のマヨネーズの材料

サラダ油…170g

┌ たまごの黄身…1こ
│ 粒なしのマスタード…大さじ1
★ 白ワインビネガー…小さじ1
│ 塩…小さじ$\frac{1}{4}$
└ 白コショウ…少し

┌ 粉チーズ…20g
│ すりおろしたにんにく…1g
◆ アンチョビペースト…3gから5g
└ レモン汁…小さじ1

※マヨネーズやドレッシングの材料はつくりやすい分量なので、2人分より多くできる。冷蔵庫でとっておいて、1週間以内に使うとよい。
※グリーンカール以外のレタスを使ってもよい。

## つくり方 （はじめにやっておくこと：マヨネーズをつくり、ドレッシングをつくる）

ボウルに★の材料を入れて、泡立て器で混ぜ合わせる。

サラダ油170gを少しずつ入れながら、泡立て器でよく混ぜ合わせる。

マヨネーズのできあがり。ここでは100gを使う。

マヨネーズ100gに◆を加え、泡立て器で混ぜてドレッシングをつくる。

（野菜を切る）

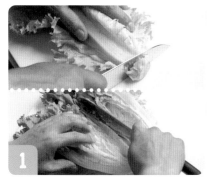

グリーンカールは、下の部分を切りおとして、たてに半分に切ったものを使う。

半分にしたグリーンカールを、またたて半分に切る。横にして、5cm幅くらいに切る。

冷たい水に、つけておく。

（ベーコンを炒める）

厚切りのベーコンを、1cm幅くらいに切る。

フライパンにサラダ油とベーコンを入れ、中火にかける。焼き色がつくまで炒めて火をとめる。

（サラダをつくる）

③をザルにあけて、水気をしっかりきる。

お好みで、黒コショウをふってもいいよ。

⑥をボウルに入れて、ドレッシングを50g入れる。

粉チーズを10g加えて、⑤のベーコンを、油ごと入れる。

ゴムベラでよく混ぜ合わせる。うつわに盛りつける。

21

# コールスロー

さっぱりとしたキャベツのサラダ。
3日ぐらいおいしく食べられるから、
たくさんつくっておいてもいいわよ。

## 2人分の材料

キャベツ…$\frac{1}{4}$こ

缶詰のコーン…$\frac{1}{2}$缶（←80g）

ロースハム…1枚

塩…4つまみ

★ [ マヨネーズ…大さじ2
   酢…小さじ1
   グラニューとう…小さじ$\frac{1}{2}$ ]

※コーンは水気をきっておく。

先にキャベツに塩をふって、
水気をしぼっておくのがポイント。
そうしないと、
マヨネーズがからみにくいし、
だんだん水っぽくなってしまうの。

## つくり方 （はじめにやっておくこと）

キャベツは芯を切りおとす。

横にして、3mm幅くらいに細く切る。

ボウルに入れ、塩を4つまみふりかけて、手でまぶす。15分おいておく。

ハムは半分に切ってかさねる。また半分に長く切ってから1cm幅に切る。

ボウルに★を入れて、混ぜ合わせる。そこにコーンとハムを入れて、混ぜる。

キャベツは、両手でつつめる量ずつ、ギュッとにぎってしぼり、出てきた水をすてる。

①のボウルに②を入れて混ぜる。うつわに盛りつける。

**レッツトライ！**

# ホットドッグをつくろう！

コールスローをたっぷりはさんで、ホットドッグをつくってみよう。
ソーセージは、表面を焼いてパリッとさせてね。

**2人分の材料**

ホットドッグ用のパン…2こ
コールスロー…好きな量
長いウインナーソーセージ…2本
サラダ油…少し
ケチャップ…好きな量

**つくり方**

こうすると、ソーセージがすごくおいしくなるわよ。

フライパンを中火にかけて、ソーセージと大さじ1の水を入れて、ころがす。

水がなくなったらサラダ油を少し入れ、ソーセージをころがして表面をパリッとさせる。

パンの切れ目に、コールスローをのせる。ソーセージをのせて、ケチャップをかける。

# キャロットラペ

千切りにしたにんじんの、
歯ごたえがおいしいサラダ。
色もきれいだから、肉料理などの
つけ合わせにしてもいいわよ。

にんじんを薄切りにするときは、
スライサーを使うといいわよ。
ただし、指を切らないように
じゅうぶん注意してね！

## つくりやすい量の材料

にんじん…1本

塩…小さじ$\frac{1}{2}$

缶詰のツナ…大さじ1

オレンジジュース…大さじ2

★ はちみつ…小さじ1

酢…大さじ1

オリーブオイル…大さじ1

※にんじんは、スライサーで切っ
　たあと200gぐらいになるもの
　を用意する。

※ツナは、ほぐれたフレークタイ
　プが使いやすい。

## つくり方 （はじめにやっておくこと）

にんじんは皮をむき、ス
ライサーで、1mm厚さ
ぐらいの薄切りにする。

200gぐらいのにんじん
を、少しずつかさねて、
横にならべる。

はじから、1mm幅ぐら
いに細く切っていく。

ボウルに入れて、塩を小
さじ$\frac{1}{2}$ふり、手で全体に
混ぜる。10分おいておく。

別のボウルに、★の材料を入れて、混ぜ合わせる。

にんじんは、両手でつつめる量ずつ、ギュッとにぎってしぼり、出てきた水をすてる。

1のボウルに2を入れて、混ぜる。15分ぐらいおいてから、うつわに盛りつける。

**レッツ トライ！**

# サンドイッチをつくろう！

キャロットラペをたっぷりはさんで、
切り口がきれいなサンドイッチをつくってみよう。

## 2人分の材料

8枚切りの食パン
…2枚

キャロットラペ
…好きな量
パンにのる大きさに
ちぎったレタス…2枚

ロースハム…1枚

バター…15g

※バターは冷蔵庫から出して少しおき、ぬりやすいやわらかさにしておく。

## つくり方

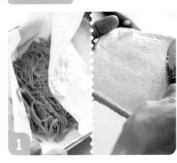

キャロットラペは、ペーパータオルでつつんで水気をとる。パンは、片面にバターをぬる。

1枚のパンの上に、レタス、ハム、キャロットラペ、レタスの順にのせる。

パンではさんでラップでつつむ。冷蔵庫に1時間入れておく。ラップごとに半分に切る。

25

# かぼちゃのサラダ

かぼちゃは、皮もおいしく食べられる野菜だよ。
玉ねぎやレーズンで、味や食感に変化をつけるといい。

かたいかぼちゃも、
電子レンジにかければ簡単に
やわらかくできるよ。
ゴムベラでくずせるから、
包丁を使わなくてもつくれる。

## つくりやすい量の材料

かぼちゃ…$\frac{1}{4}$こ（←300g）

玉ねぎ…$\frac{1}{4}$こ（←80g）

レーズン…7g

サラダ油…小さじ1

塩…小さじ$\frac{1}{2}$

マヨネーズ…40g

白コショウ…少し

※マヨネーズを自分でつくるとき
　は、20ページのつくり方を見る。

かぼちゃの種とワタをスプーンでとり、全体に水をつけ、ラップでつつむ。

電子レンジに10分ぐらいかけて、完全にやわらかくする。

玉ねぎは、たてに薄切りにしてから、横にしてみじん切りにする。

フライパンを中火にかけ、サラダ油小さじ1と玉ねぎを入れて1分炒める。

（サラダをつくる）

電子レンジからとり出すときは、熱いから気をつけてね！

かぼちゃにヘタがついていたら、とりのぞくよ。

かぼちゃは電子レンジからとり出して、さわれるくらいにさめたらラップをとる。

1のかぼちゃをボウルに入れて、ゴムベラなどで大きめにくずす。炒めた玉ねぎを加える。

レーズンを加える。

塩小さじ$\frac{1}{2}$を加えて混ぜる。マヨネーズを加える。

全体に混ざるように、ゴムベラでよく混ぜる。

白コショウを少しふって、混ぜ合わせる。うつわに盛りつける。

# さつまいものサラダ

マスカルポーネチーズは、ティラミスにも
使われる、イタリアうまれのチーズだよ。
甘いさつまいもに、とてもよく合うんだ。

電子レンジにかけた
さつまいもが
やわらかくなったかどうかは、
竹串などをさして
たしかめるといい。

**つくりやすい量の材料**

さつまいも…1本（←280g）

芯を切りとったりんご…20g

マスカルポーネチーズ…125g

塩…小さじ$\frac{1}{2}$

マスカルポーネ
チーズ

電子レンジからとり出すときは、熱いから気をつけてね！

**1** さつまいもは水でぬらして、ラップでつつむ。電子レンジに8分ぐらいかける。

**2** りんごはたてに1cm厚さに切り、皮をむく。

**3** 2をたおして、たてに1cm幅に切る。

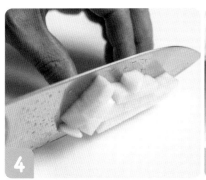

形はばらばらでいいよ。

**4** 3を何本かずつまとめて横にして、1cm幅に切る。

**5** 1のさつまいもが、さわれるくらいにさめたら、ラップをとって皮をむく。

**6** ボウルに入れて、大きいスプーンなどで、大きめに切る。

**7** マスカルポーネチーズと、塩小さじ$\frac{1}{2}$を加える。

**8** さつまいもをスプーンであらくつぶしながら、全体を混ぜる。

**9** 4のりんごを加えて、全体に混ぜる。うつわに盛りつける。

# じゃがいもと
# 鶏肉のサラダ ツナソース

このツナソースは、イタリアでは
「トンナートソース」というんだ。
ゆでたじゃがいもや肉にとてもよく合うよ。

鶏肉は、じゃがいもを
ゆでたお湯に入れて
ふたをしておくと、
やわらかく
火がとおるよ。

### 2人分の材料

じゃがいも…1こ

（←100gぐらい）

皮をとった鶏むね肉…1枚

★ ┌ 水…1ℓ
  └ 塩…小さじ2

### ツナソースの材料

┌ マヨネーズ…100g
│ 缶詰のツナ…50g
◆
│ アンチョビペースト…10g
└ レモン汁…小さじ2

※じゃがいもは、「男爵」という種類
　がおすすめ。
※ツナは、よぶんな油を少しすてて
　はかった重さ。
※レモン汁は、切ったレモンをしぼ
　ってとった汁。

### つくり方 （はじめにやっておくこと）

じゃがいもは皮をむく。

たて半分に切り、どちら
もまた、たて半分に切る。

横にして、3等分に切る。

（じゃがいもと鶏肉をゆでる）

鍋に ★ とじゃがいもを入れて、中火にかける。わいたら弱火にして、10分ぐらいゆでる。

じゃがいもに竹串をさしてみて、スッと入るようになっていたら、火をとめて鶏肉を入れる。

ふたをして、そのまま15分ぐらいおく。

こうすると、鶏肉に火が入りすぎないから、かたくならない。

（ツナソースをつくる）

（盛りつける）

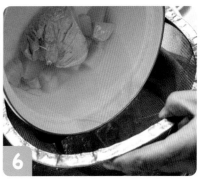

◆ の材料をミキサーに入れる。

ミキサーをまわして、なめらかにする。

③をザルにあけて、水気をきる。

冷やさなくても、おいしいサラダだよ。

鶏肉をとり出して、2cm幅くらいに切る。

⑦を横にして、2cm幅に切る。

⑥のじゃがいもと⑧の鶏肉をうつわに盛りつける。⑤のツナソースをかける。

31

## 4人分の材料

白身魚の切り身…70g

からをむいたえび…50g

蒸してあるたこ…50g

刺身用の細切りのいか…40g

じゃがいも…1こ（←100g）

玉ねぎ…$\frac{1}{4}$こ

セロリ…40g

赤と黄のパプリカ
　…合計100gぐらい

イタリアンパセリ…好きな量

★┌ 水…1ℓ
　└ 塩…大さじ2

つくりやすい量の
ドレッシングの材料

┌ にんにく…1つぶ
├┌ レモン汁…大さじ2
◆│ 塩…小さじ$\frac{1}{4}$
└├ オリーブオイル
　└　…大さじ4

※白身魚は、刺身用として売られているすずき、たいなど。

※じゃがいもは、皮をむく。

※イタリアンパセリは、あらく切っておく。

※ドレッシングは、少し多めにできる。

野菜をゆでたお湯で
魚介をゆでることで、
魚介に野菜の香りを
うつすんだ。

# 魚介と野菜のサラダ

いろいろな魚介と野菜のおいしさがたのしめるサラダ。
レモンのドレッシングと、
じゃがいもにしっかりつけた塩味で食べるよ。

## つくり方　（はじめにやっておくこと）

黄色もね。

玉ねぎは、たて1cm幅くらいに切り、横1cm幅に切る。

じゃがいもはたて3枚に切って、たて半分に切る。横にして3等分に切る。

セロリはたて半分に切り、横にして、1cm幅くらいに切る。

パプリカはたて半分に切ってヘタと種をとる。たてと横に1cm幅に切る。

（魚介を切る）

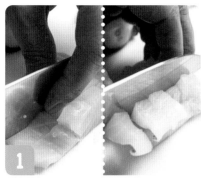

白身魚は、たてと横が1cmくらいになるように切る。

えびは、2cm長さに切る。

たこは、5mm厚さに切る。

（ドレッシングをつくる）

つぶしたほうが、味が出る。びんなどで軽くたたいてつぶしてもいいよ。

にんにくは上からおして少しつぶす。ボウルに入れて◆を加え、泡立て器でよく混ぜ合わせる。

（サラダをつくる）

鍋に★とじゃがいもを入れて、強火にかける。わいたら中火にして10分ぐらいゆでる。

竹串をさして、スッと入れば火がとおっている。

じゃがいもに火がとおったら、玉ねぎとセロリを入れて、30秒ぐらいゆでる。

赤と黄のパプリカも入れる。えびも入れて、白身魚も入れる。

魚が白っぽくなったら、たこといかを入れる。さっと混ぜたら、ザルにあけて、水気をきる。

（盛りつける）

うつわに盛りつける。4のドレッシングを好きな量かけて、イタリアンパセリをちらす。

33

# いろいろ野菜と
# バーニャカウダソース

にんにくとアンチョビのうま味たっぷりのソースに、
好きな野菜をつけて食べよう！ このソースは
野菜だけじゃなくて、焼いた肉や魚にも合うよ。

にんにくは、牛乳を加えた
お湯でゆでることで、
くさみがなくなるんだ。
同じ方法で3回ゆでるよ。

## つくり方 （はじめにやっておくこと／にんにくを牛乳と水でゆでる）

にんにく全体が
ぎりぎりひたる
くらいにね。

にんにくの下の部分を切
りおとす。たて半分に切
って、中心の芽をとる。

鍋に入れて、牛乳100㎖
と水100㎖を加える。中
火にかける。

わいたら弱火にして、3
分ぐらいゆでる。ザルに
あける。

これと同じことを、
もう2回くり返し
て、やわらかくな
るまでゆでる。

**1** くずれるくらいにやわらかくなったにんにくをミキサーに入れて、★を加える。

**2** にんにくが細かくなるまで、ミキサーにかける。

**3** オクラはたて半分に切る。鍋にお湯をわかしてオクラを入れ、10秒ぐらいゆでて、とり出す。

**4** アスパラガスは下のかたい部分を切りおとす。下のほうの皮をむき、ななめ半分に切る。

**5** 鍋にお湯をわかしてアスパラガスを入れ、10秒ぐらいゆでて、とり出す。

**6** みょうがはたて4等分に切る。ズッキーニは食べやすい長さと太さに、たてに切る。

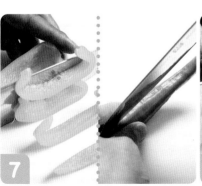

**7** パプリカはヘタと種をとり、たてに細く切る。甘長とうがらしは半分に切り、ヘタと種をとる。

**8** トマトはたて半分に切り、ヘタを三角に切りおとして、くし形に切る。

煮るとアンチョビの生ぐささがとんで、こうばしくなるよ。

**9** 2を鍋に入れて、弱火で2分から3分煮る。小さいうつわに入れて、まわりに野菜を盛る。

# トマトはすごい！

お店には、たくさんのトマトがならんでいるね。この本にも、あちこちにトマトが出てくるよ。トマトは種類がとても多くて、世界には、8000種類以上もあるんだって。

大きさもいろいろだね。おとなのこぶしぐらいの大きなトマトもあれば、子どもでもひと口で食べられるミニトマトもある。トマトって、どんな野菜なんだろう？

## ● トマトの味

トマトはちょっとすっぱくて、甘みもあるね。どんなトマトがおいしいか、いろいろ食べくらべてみるといいよ。甘い味やすっぱい味のほかに、トマトには「うま味」が多いのも特徴だよ。赤く熟したトマトには、「グルタミン酸」といううま味成分が、とても多くあることがわかっている。グルタミン酸は、だしなどに使われる昆布に多く入っているうま味成分だ。トマトのグルタミン酸は、とくに、

種があるゼリーっぽいところに多いんだって。こんなふうに、甘みや酸味、うま味たっぷりのトマトだから、いろいろな国で食べられているよ。そのまま食べるだけじゃなくて、煮たり炒めたりといった、料理によく使われる。トマトケチャップやトマトソース、トマトピューレなどの加工品もたくさんあるね。トマトは、調味料の役目もする野菜なんだ。

## ● トマトは体にいいの？

トマトやトマトの加工品には、体にいい成分が、いろいろふくまれているよ。その中でも注目されているのが、「リコピン」（リコペンともいう）という成分だ。リコピンは、血液の流れをよくしたり、いろいろな病気の予防にも役立つのではないかといわれていて、研究がされているよ。リコピンは、赤い色のも

とにもなっているから、赤く熟したトマトほど、たくさんふくまれている。とくに、赤いミニトマトにはとても多くあるんだ。リコピンは油にとけやすいから、油といっしょに調理すると、多く吸収できるんだって。トマトのほかには、スイカやピンクグレープフルーツなどにもふくまれているよ。

## ● フルーツトマトってどんなトマト？

お店には、「フルーツトマト」と書かれたトマトもあるね。でもこれ、ひとつのトマトの名前じゃないんだ。フルーツトマトというのは、育て方にいろんなくふうをすることで、甘くなるようにつくったトマトをまとめて呼

ぶ呼び方で、この中にもいろいろな品種のトマトがあるんだよ。フルーツみたいに甘いから、フルーツトマトって呼ばれるんだね。大きさは、ふつうのトマトより少し小さめのものが多いよ。

# フライパンでつくる

..........

フライパンは、台所で大活躍の道具だね。野菜を炒めたり、肉を焼いたり、煮ものや揚げものだってつくれちゃう。ここでは、そんな便利なフライパンを使ってつくる、野菜たっぷり料理をいろいろおしえるね。

たまごは、焼くまえにあまり
混ぜすぎないのがポイント。
そのほうが、たまごの
いい香りが出るんだ。

# トマトたまご炒め

トマトの甘みとふわふわのたまごの組み合わせがおいしい！
ふわふわのたまごにするには、
フライパンを熱くしておくことが大事だよ。

## 2人分の材料

トマト…1こ

たまご…3こ

★
- 塩…2つまみ
- コショウ…少し
- しょうゆ…3滴

サラダ油…大さじ1

## つくり方 （はじめにやっておくこと）

トマトはたて半分に切る。

どちらもまた、たて半分に切る。ヘタは切りとる。

それぞれを、3等分のくし形に切る。

**（たまごをほぐす）**

黄身と白身は完全に混ざっていなくてもいいよ。

**（トマトを焼く）**

水分がとんで、トマトの甘みも強くなるよ。

**1**

たまご3こをわって、ボウルに入れる。★の調味料を入れる。

**2**

黄身にさいばしをさしてくずしてから、軽く全体を混ぜる。

**3**

フライパンにトマトをならべて入れる。弱火にかける。だんだんトマトの香りが出てくる。

**（たまごとトマトを合わせて炒める）**

たまごを入れると一気に温度がさがるから、ちょっと温度をあげるんだ。

**4**

下の面に少し焼き色がついたら、フライパンからとり出しておく。

**5**

フライパンにサラダ油を入れて、中火にかける。温まって少しけむりが出てきたら**2**を入れる。

**6**

火を少しだけ強める。たまごがぶくぶくふくらんでくる。

フライパンに入れたままにしておくと、どんどん火がとおってかたくなってしまうよ。

**7**

ぶくぶくしているところに、**4**のトマトを入れる。

**8**

大きく全体をかき混ぜる。

**9**

これくらいになったらできあがり。すぐにうつわに盛りつける。

# じゃがいも入りの<br>チンジャオロース

細切りにしたピーマンと豚肉の炒めもの。
たけのこを加えることも多いけれど、
ここではみんなが好きなじゃがいもを使ったよ。

じゃがいもにふくまれる
でんぷんは、こげつく
原因になるから、洗って
少しおとしておくよ。

## つくり方 （はじめにやっておくこと）

水が白くにごる。
これがでんぷんだ。

包丁の刃を、むこう
側にしっかりうごか
しながら切ろう。

じゃがいもは皮をむく。
はじを少し切りおとし、
切り口を下にしておく。

たてに薄切りにする。何
枚かかさねて細く切る。
水の中で少し洗っておく。

ピーマンはたて半分に切
る。ヘタと種をとって、
横に細く切る。

は混ぜ合わせておく。

## （野菜と豚肉を別々に炒める）

**1** 豚肉は、5mm幅に切る。小さなボウルに入れて、★を加えて混ぜておく。

**2** フライパンにサラダ油を入れて、中火にかける。水気をきったじゃがいもを入れて、炒める。

**3** じゃがいもが少しすきとおってきたら、ピーマンを加えて、また炒める。

## （合わせて炒める）

**4** ピーマンが、つやつやになってきたら、火をとめて、全部フライパンからとり出しておく。

**5** ④のフライパンに①の豚肉を入れて、弱火にかける。さいばしで全体にひろげながら炒める。

**6** 肉に火がとおって白っぽくなってきたら、④のじゃがいもとピーマンをもどす。

**7** 火を中火にする。全体を混ぜ合わせる。

**8** ◆のたれを混ぜて、底にしずんだかたくり粉をとかしてから、⑦に加える。

**9** 全体をよく混ぜる。たれが全体に混ざってしっとりしたら、できあがり。うつわに盛りつける。

# ホイコーロー

野菜と豚肉を炒めてつくる、
からくない塩味のホイコーローだよ。
最後に加えるレモン汁が、
すっきりした味にしてくれる。

キャベツの葉のまん中の
太い部分は、少しつぶして
おくと、火がとおり
やすくなるよ。

**つくり方** （はじめにやっておくこと）

だいたい同じくら
いの、食べやすい
大きさに切ろう。

びんなどで軽くた
たいてもいいよ。

長ねぎは、ななめに5mm
幅くらいに切る。

ピーマンはたて半分に切
り、ヘタと種をとる。横に
して三角形のように切る。

キャベツは芯を切りおと
す。3枚ずつぐらいに分
けて、乱切りにする。

まん中の太い部分は、包
丁を横にしてのせて、上
からおしてつぶす。

**（豚肉を焼く）**

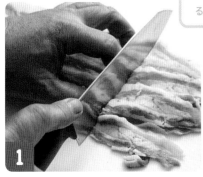

こうすると肉がちぢみにくくなる。よぶんな粉はこげるから、おとしておくんだ。

豚肉は、8cm長さくらいに切る。

❶の両面に、かたくり粉を薄くつける。つきすぎたかたくり粉は、はたきおとしておく。

フライパンに❷の豚肉をならべて入れる。まわりから、サラダ油を入れる。弱火にかける。

白い粉の部分が、だんだんすきとおってくるよ。

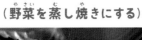

下の面に焼き目がついたら、うら返す。うらも焼けたら、フライパンからとり出しておく。

**（野菜を蒸し焼きにする）**

❹のフライパンを火にかけないで、長ねぎとピーマンを入れる。

キャベツを入れる。★の調味料を入れる。

こうすると、野菜にちょうどよく火がとおるし、甘みも出るんだ。

**（豚肉をもどして炒める）**

❻にふたをして、弱めの中火に2分ぐらいかける。

火を強めの中火にして、❹の豚肉を入れる。混ぜながら40秒ぐらい炒めて、少し水分をとばす。

レモン汁を加え、混ぜながらまた10秒ぐらい炒める。うつわに盛りつける。

44

**つくりやすい量の材料**

ごぼう…120g

にんじん…60g

白ごま…小さじ1

ごま油…大さじ2

┌ 酒…大さじ3

★ しょうゆ…大さじ1と$\frac{1}{2}$

└ さとう…大さじ1

※最後に一味とうがらしを少し
ふってもよい。

# ごぼうとにんじんの
# きんぴら

きんぴらは、白いごはんに
ぴったりのおかずだね。
細切りは、ピーラーを使えば簡単だ。

けずったごぼうは、
そのままにしておくと
黒っぽくなってくるから、
水に少しつけておくといい。

**つくり方** （はじめにやっておくこと）

あまり長くつけす
ぎると、味や香り
もぬけてしまうよ。

にんじんは皮をむき、ピ
ーラーで、4cm長さくら
いに薄くけずる。

ごぼうは水で洗ってから、
ピーラーで、4cm長さく
らいに薄くけずる。

けずったごぼうは、水に
5分ぐらいつけておく。

★を混ぜ合わせて、たれ
をつくる。

（きんぴらをつくる）

**1** ごぼうをザルにあけて、水気をきる。

**2** フライパンにごま油大さじ2を入れて、中火にかける。少し温まったら、**1**のごぼうを入れる。

**3** にんじんも入れる。

**4** さいばしで混ぜながら、炒める。

**5** ごぼうとにんじんがしんなりしてきたら、★のたれを入れる。

**6** さいばしで混ぜながら、汁気がほとんどなくなるまで炒める。

**7** 白ごまをふりかけて、火をとめる。うつわに盛りつける。

**2人分の材料**

さけの切り身…2枚

大きめのエリンギ…1本

しめじ…$\frac{1}{2}$パック

玉ねぎ…$\frac{1}{4}$こ

トマト…$\frac{1}{2}$こ

無塩バター…20g

塩…6つまみ

コショウ…少し

※25cm幅のアルミホイル
　を使う。

※さけは、塩味がついてい
　ないものを使っている。

# 野菜ときのこたっぷり、さけのホイル焼き

ホイル焼きにすると、食材から出る
水分や味がそとににげないから、
ふっくらとおいしくしあがるのよ。

水分が水蒸気になって、
中でひろがるから、
アルミホイルは、
食材にあまりぴっちりと
くっつけないでね。

## つくり方 （はじめにやっておくこと）

エリンギは下のかたい部
分を切りおとし、

たて半分に切って、横半
分に切る。全部、たて
5mm厚さに切る。

しめじは下のかたい部分
を切りおとし、1本から
3本ぐらいに分ける。

玉ねぎは、横5mm厚さ
に切る。

**（下味をつける。トマトを切る）**

1. ボウルにエリンギ、しめじ、玉ねぎを入れる。塩を2つまみふりかけて、まぶしておく。

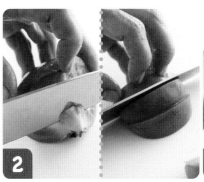

2. トマトはヘタを切りとり、6等分のくし形に切る。

3. さけは、身と皮の両面に、塩をひとつまみずつと、コショウを少しふりかけておく。

**（アルミホイルでつつむ）**

4. 25cm幅のアルミホイルを、40cm長さに2枚切りとる。

5. 4を横長にしく。まん中に、1を半分ずつ、たて長におく。2のトマトを3切れずつのせる。

6. 3のさけを1枚ずつのせる。10gずつのバターを3つぐらいにちぎってのせる。

ふんわりとつつむ感じてね。

7. アルミホイルの右はしと左はしをもちあげて、まん中で合わせて、おりまげてとじる。

8. あいている両はじも、細くおりまげてとじる。

**（蒸し焼きにする）**

9. フライパンにのせて、ふたをする。少し強めの弱火で、10分から15分蒸し焼きにする。

たれを入れるまえに、フライパンのよぶんな油をふきとっておくと、たれがからみやすくなるんだ。

## 2人分の材料

太めのグリーンアスパラガス
…4本

薄切りの牛もも肉…150g

だいこん…100g

小麦粉…牛肉にまぶせる量

サラダ油…大さじ1

┌ 酒…大さじ2
│ みりん…大さじ2
★ しょうゆ…大さじ2
│ さとう…小さじ1
└ 水…大さじ2

※牛肉は、「すき焼き用」の薄切り肉が使いやすい。

# アスパラガスの肉巻き

おべんとうに入っているとうれしい肉巻きだ！
表面を焼いてから、たれで煮るようにすると、
中のアスパラガスにもきちんと火がとおるよ。

## つくり方 （はじめにやっておくこと）

丸をかくようにして1つの面をけずると、なめらかになる。

包丁をあてると、スッと切れるところがあるよ。

★を混ぜ合わせて、たれをつくる。

だいこんは皮をむき、おろし金ですりおろす。ザルにあけ軽く水気をきる。

アスパラガスは、下のかたい部分を切りおとす。

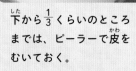

下から$\frac{1}{3}$くらいのところまでは、ピーラーで皮をむいておく。

（アスパラガスに肉を巻きつける）

**1**
牛肉を、たてにしてひろげる。手まえにアスパラガスの下の部分をのせて、巻いていく。

**2**
少しななめに巻いて、アスパラの先が3cmぐらい出るようにする。肉の部分を軽くにぎる。

**3**
バットに小麦粉を入れて、肉の表面全体に、小麦粉を薄くつける。軽くにぎり形をととのえる。

（フライパンで焼く）

> 肉を巻きおわったほうを下にして入れると、肉がはがれないよ。

> 先のほうは、さいばしてフライパンにおしつけて焼くといい。

**4**
フライパンにサラダ油大さじ1を入れて、中火にかける。少し温まったら**3**をならべて入れる。

**5**
さいばしでときどきころがしながら、全体に焼き色がつくまで焼く。

**6**
おりたたんだペーパータオルで、フライパンのよぶんな油をふきとる。

（たれをからめる）

> たれをからめるようにね。

**7**
★のたれを入れる。

**8**
さいばしでときどきうごかしながら、たれが半分くらいになるまで煮つめる。火をとめる。

**9**
全部3つに切り分け、うつわに盛る。フライパンのたれをかけ、だいこんおろしを横にそえる。

49

# ピーマンの肉づめ

ピーマンの形を、じょうずにいかした料理だね。
水を入れて、ふたをして蒸し焼きにすると、
肉の中までしっかり火が入るよ。

## 2人分の材料

豚ひき肉…150g

玉ねぎ…$\frac{1}{6}$ こ

ピーマン…3こ

かたくり粉…ピーマンの
　　中にまぶせる量

サラダ油…大さじ1

★
しょうゆ…大さじ1

さとう…大さじ$\frac{1}{2}$

すりおろしたにんにく
　　…小さじ$\frac{1}{2}$

黒コショウ…少し

塩…少し

◆
ケチャップ…大さじ2

しょうゆ…小さじ1

レモン…$\frac{1}{4}$ こ

ピーマンの中に
かたくり粉をつけておくと、
焼いても肉がはずれにくいんだ。

## つくり方 （はじめにやっておくこと）

玉ねぎは薄切りにしてか
ら、細かいみじん切りに
する。

ピーマンは、たて半分に
切る。ヘタと種をとる。

★は混ぜ合わせておく。

◆も混ぜ合わせて、ソー
スをつくっておく。

**（ピーマンにひき肉をつめる）**

1 ボウルに豚ひき肉を入れて、★を加える。

2 ねばりが出るまで、手でよくねって混ぜる。

3 ねばりが出てきたら、玉ねぎを加えて、全体に混ざるように、軽く混ぜる。

こうしておくと、焼いても肉がはずれないよ。

フライ返して、ときどき上からおしながら焼くといい。

**（フライパンで焼く）**

4 ピーマンの中に、かたくり粉をふる。中全体に、ぬりつけるようにしてひろげる。

5 4に、ゴムベラで3をぴっちりつめる。焼くとちぢむので、上に少し盛りあがるようにつめる。

6 フライパンにサラダ油を入れて、中火にかける。少し温まったら、肉側を下にして5を入れて焼く。

肉をおしてみて、やわらかくなければ焼けているよ。

7 肉のほうに、こんがりと焼き色がついたら、フライ返しでうら返す。

8 弱火にして、2分から3分ぐらい焼いてから、まわりに水を大さじ2入れて、ふたをする。

9 2分ぐらいたったらできあがり。うつわに盛りつける。◆のソースと切ったレモンをそえる。

揚げる油は2cmぐらいに
しておくと、かき揚げが
まとまりやすいよ。
油に入れたら、かたまるまで
いじらないのがコツだ。

### 2人分の材料

皮をむいたとうもろこし…1本

玉ねぎ…$\frac{1}{2}$こ

いんげん…6本

小麦粉…80g

たまごの黄身…1こ

冷たい水…90㎖くらい

サラダ油…揚げやすい量

★ ┌ 塩…少し
　 └ レモン…$\frac{1}{4}$こ

※とうもろこしは、3等分ぐらい
　に切ってもらっておくといい。
※水は、冷蔵庫に入れたり、氷を
　入れたりして冷やしておく。

# とうもろこしと
# 玉ねぎのかき揚げ

「かき揚げ」は、小さく切った材料を合わせて、
ころもをからめて揚げる天ぷらのこと。
これは、とうもろこしと玉ねぎの甘みが
おいしいかき揚げだよ。

### つくり方 （はじめにやっておくこと）

とうもろこしは、まな板
に立てておき、包丁で実
を切りとる。

つぶをばらばらにして、
ボウルに入れる。

玉ねぎは、たて1cm厚さ
に切ってから、横1cm幅
に切る。

いんげんは、ヘタを切り
おとしてから、1cm幅に
切る。

**（野菜にころもをからめる）**

1 とうもろこしが入ったボウルに、玉ねぎといんげんも入れる。

2 小麦粉を入れて、手で全体にまぶしつける。

3 たまごの黄身を入れて、さいばしで全体に混ぜる。

水がぬるいと、カラッとしたかき揚げにならないよ。

4 冷たい水を、50mℓぐらい入れる。

5 さいばしで混ぜる。また水を大さじ1ぐらい入れて、混ぜる。

6 のこりの水も、少しずつ入れながら、ひとまとまりになるまで混ぜる。

**（油で揚げる）**

油にさいばしを入れて、さいばしから細かい泡がどんどん出たら、170℃くらい。

かたまってからうら返してね。

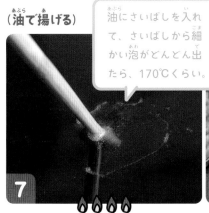

7 フライパンに、サラダ油を2cm深さぐらいに入れる。中火にかけて、170℃くらいにする。

8 ⑥をスプーンですくい、さいばしでおしながら、油に入れる。かたまってきたら、うら返す。

9 油に入れてから3分から4分揚げたら、あみにとり出して油をきる。★とうつわに盛りつける。

53

# 野菜はだれがつくっているのかな？

お店にならんでいる野菜は、だれがつくっているのかな？　そう、農家の人たちがつくっているんだね。たくさんの種類の野菜をつくっている農家もあれば、トマトだけとか、アスパラガスだけとか、1種類の野菜だけをつくっている農家もある。農家の人たちは、土や育て方をくふうすることで、どうしたらおいしい野菜になるか、いろいろ考えながらつくっているんだよ。

トマトは少しずつ、赤くなるよ。

「丸福農園」

しいたけ食べてね。

「よしむら農園」

アスパラガスは、1本ずつ切りとるんだ。

「ジョセフィンファーム」

白いとうもろこしもつくっているよ。

「畑市場」

中華どん
<sub>ちゅうか</sub>

野菜は煮るまえに
下ゆでしておくと、
長く煮こまなくていいから、
くたくたにならない。
色もきれいにしあがるよ。

# 八宝菜
<sub>はっぽうさい</sub>

とろみがおいしい、具だくさんの炒め煮。
このままおかずにしてもいいけれど、
ごはんにかければ、中華どんになるよ！

## 2人分の材料
<sub>ふたりぶん　ざいりょう</sub>

薄切りの豚ばら肉…100g

からをむいたえび…4本

ゆでたうずらのたまご…4こ

にんじん…30g

白菜…150g

ちんげん菜…1かぶ

キャベツ…$\frac{1}{8}$こ

きくらげ…3こ

水…250㎖

さとう…小さじ1

酒…大さじ1

コショウ…少し

しょうゆ…大さじ1

オイスターソース
　…大さじ1と$\frac{1}{2}$

水どきかたくり粉
　…大さじ1

ごま油…小さじ$\frac{1}{4}$

※にんじんは、下の細いほうを使った。

※きくらげは、乾燥きくらげをもどしたもの。

※水どきかたくり粉は、かたくり粉と水を、
　同じ量ずつ混ぜ合わせたもの。

## つくり方 （はじめにやっておくこと：にんじんをかざり切りする）

はねみたいな形
になるよ。

にんじんは皮をむく。両
はじを、たてに少し切り
おとす。

かたほうの切り口を下に
してまな板におく。上に
浅い切り目を入れる。

切り目の下の部分にむか
って、ななめに包丁を入
れて、細く切りとる。

同じように5本ぐらい切
りとる。うらも同じにす
る。たてに薄切りにする。

つぎのページにつづく ≫

»

（材料を切る）

ちんげん菜は、根元を少し切りおとす。

茎と葉のほうに切り分ける。

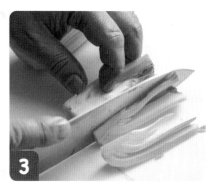

茎はたて半分に切ってから、くし形に切る。

葉は横に半分に切る。

キャベツは芯を切りおとしてから、食べやすい大きさに切る。

白菜は、白い芯のほうと、葉のほうに切り分ける。葉のほうは横3等分くらいに切る。

切った葉を横にして、たてに食べやすい大きさに切る。

芯のほうは、たてに半分に切ってから、横5等分くらいに切る。

豚肉は、3cm幅くらいに切る。

## （野菜を下ゆでする）

**10**

鍋にお湯をわかす。柄のついたザルをかけて、にんじん、白菜の芯のほうを入れる。

**11**

30秒ぐらいたったら、ちんげん菜の茎のほうを入れる。15秒ぐらいたったらキャベツを入れる。

ちんげん菜と白菜の葉は、ザルの中にのこっている熱でしんなりしてくる。

**12**

しんなりしたらきくらげも入れる。ザルをお湯からあげ、ちんげん菜の葉と白菜の葉を入れる。

## （八宝菜をつくる）

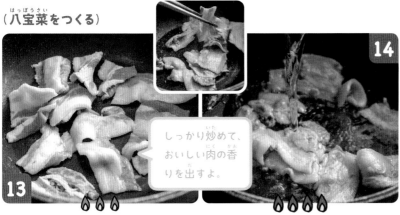

しっかり炒めて、おいしい肉の香りを出すよ。

**13**

フライパンに豚肉をひろげて入れる。弱火にかけて、たまにうら返しながらじっくり炒める。

**14**

豚肉に火がとおって全体が白っぽくなったら、水250㎖を入れる。中火にする。

**15**

えびとうずらのたまごも入れる。★の調味料を加える。

**16**

わいてきたら、**12**の野菜を入れて混ぜる。またわいてきたら、火をとめる。

**17**

水どきかたくり粉を入れて、混ぜる。

**18**

中火にかけて混ぜる。とろみがついたら、ごま油を小さじ$\frac{1}{4}$加えて混ぜる。うつわに盛る。

野菜は少し大きめに切ったほうが、
食べごたえがある。
みそは、煮汁でといてから加えると、
全体に早く混ざるよ。

# 豚汁

野菜たっぷりでつくれば、おかずにもなるよ。
材料を油で炒めてから煮る料理は、
フライパンがつくりやすい。

## つくり方 （はじめにやっておくこと）

だいこんは皮をむき、4
等分に切り、5mm厚さ
のいちょう切りにする。

にんじんは皮をむき、半
分に切って、5mm厚さ
の半月切りにする。

ごぼうは、5mm厚さの
ななめ切りにして、水で
さっと洗う。水気をきる。

しいたけは、軸を切りお
としてから薄切りにする。
長ねぎは輪切りにする。

**（肉と野菜をフライパンで炒める）**

**1** 豚肉は、5cm幅くらいに切る。

**2** フライパンにごま油大さじ1を入れて、中火にかける。少し温まったら、**1**の豚肉を入れる。

**3** 豚肉に火がとおって、白っぽくなるまで炒める。

**（煮る）**

**4** だいこん、にんじん、ごぼうを入れる。野菜に油がからむくらいに炒める。

**5** だしを入れて煮る。★は、ボウルに入れておく。

**6** わいてきたら、お玉でアクをとってすてる。煮汁はできるだけすくわないようにする。

**7** 弱火にして、15分煮る。しいたけを入れて5分くらい煮る。長ねぎを入れて3分煮る。

こうしておくと、みそがかたまらずに混ざりやすい。

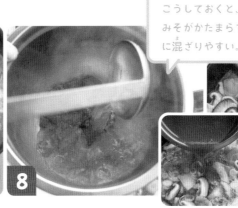

**8** **7**の煮汁をお玉で1ぱい分すくって、★の入ったボウルに入れて混ぜる。

**9** **8**を**7**の鍋に入れて混ぜる。全体に混ざったら、火をとめる。

パリパリした春巻きにするには、巻き方も大事。最初だけはキュッとしめて、あとはふわっと空気を入れるように巻こう。

## 4本分の材料

冷凍シューマイ
…6こ（←合計180gぐらい）

キャベツ…$\frac{1}{8}$こ

とうもろこし…$\frac{1}{3}$本分ぐらい

春巻きの皮…4枚

★ 小麦粉…大さじ1
  水…大さじ1

サラダ油…揚げやすい量

※とうもろこしのかわりに、缶詰のホールコーンを使ってもよい。
※冷凍シューマイは、電子レンジで解凍しておく。

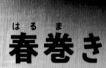

# 春巻き

具に、売っているシューマイを使うから簡単だよ。
具の水分が少ないから、揚げるときも失敗しにくい。
じっくり時間をかけて揚げよう。

## つくり方 （はじめにやっておくこと）

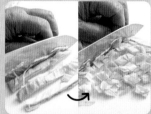

キャベツは芯を切りおとす。横1cm幅に切って、たて1cm幅に切る。

とうもろこしは、皮を1枚つけたまま、電子レンジに8分かける。

少しさめたら、つぶをはずして、ばらばらにする。ここでは$\frac{1}{3}$本分を使う。

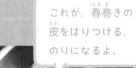

これが、春巻きの皮をはりつける、のりになるよ。

は混ぜ合わせておく。

## （具をつくる）

**1** 解凍したシューマイをボウルに入れて、ヘラでつぶす。

**2** キャベツを入れて、ヘラでおしながら、よく混ぜる。とうもろこしも入れて、また混ぜる。

## （春巻きの皮で具をつつむ）

**3** 春巻きの皮を、角がまえになるようにしく。まん中より少し手まえに、**2**を$\frac{1}{4}$量横長にのせる。

> このあとは、しめつけないで、ふんわり巻いていくよ。

**4** 手まえの皮を具にかぶせて、キュッとしめる。右と左の皮を、内側におりたたんでおさえる。

**5** ふわっと1回巻く。皮の三角のはじの部分に、★ののりをぬりつける。

**6** ふわっともう1回巻いて、のりのついた部分をはりつける。同じようにして、あと3本つつむ。

## （油で揚げる）

> 低い温度から、8分ぐらいかけてゆっくり揚げるとバリバリになる。

**7** フライパンにサラダ油を3cm深さぐらいに入れる。中火にかけて、すぐに**6**を入れる。

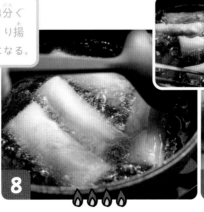

**8** だんだん油の温度があがって、泡が出てきたら、ヘラなどでときどきうごかしながら揚げる。

> 横から見ると、空気が入ってふっくらふくらんでいる。

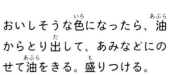

**9** おいしそうな色になったら、油からとり出して、あみなどにのせて油をきる。盛りつける。

# スペイン風オムレツ

たまごの中に、じゃがいもや玉ねぎを入れてつくる
オムレツだよ。ボリュームも栄養もたっぷりだ！

## 2人分の材料

じゃがいも…1こ（←150g）

玉ねぎ…$\frac{1}{2}$こ（←90g）

厚切りのベーコン…15g

サラダ油…大さじ$\frac{2}{3}$と大さじ$\frac{2}{3}$

塩…小さじ$\frac{1}{4}$

たまご…2こ

★┌ 塩…小さじ$\frac{1}{4}$
 └ 粉チーズ…大さじ1

※オムレツを焼くときは、直径
　21cmの、小さいフライパンを
　使った。

たまごに入れる
じゃがいもを、
くずれるくらいに
しっかり
炒めておくといい。

## つくり方　（はじめにやっておくこと）

玉ねぎは、たてに薄切り
にする。

じゃがいもは皮をむき、
たて半分に切り、横に
3mm厚さに切る。

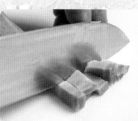

ベーコンは、幅1cm、長
さ2cmくらいに切る。

たまごをわってボウルに
入れ、★を加えてよく混
ぜておく。

**（野菜を炒める）**

水を少しだけ加えると、早く火がとおるよ。

**1** 大きいフライパンに、サラダ油大さじ $\frac{2}{3}$ と玉ねぎ、塩小さじ $\frac{1}{4}$ を入れる。中火にかけて炒める。

**2** 玉ねぎがしんなりしたら、じゃがいもを入れる。弱火にして5分ぐらい炒める。

**3** ベーコンを入れる。また5分ぐらい炒めて、じゃがいもがくずれるくらいになれば火をとめる。

**（オムレツをつくる）**

**4** たまごや粉チーズが入ったボウルに、**3**を入れて混ぜる。

**5** 小さいフライパンを中火にかけて少し温め、サラダ油大さじ $\frac{2}{3}$ を入れる。**4**を入れて混ぜる。

**6** まわりが煮立ってきたら、弱火にして、ふたをする。

フライ返してはじを少しもちあげて見て、焼き色がついていればいいよ。

**7** 5分ぐらいたったら、ふたをあけて、火をとめる。

**8** 大きいお皿などをかぶせて手でおさえ、フライパンをうら返してとり出す。

**9** そのまますべらせてフライパンにもどす。弱めの中火にかけて1分ぐらい焼けば、できあがり。

牛と豚の合びき肉
…200g

レタス…3枚

玉ねぎ…½こ

にんにく…1つぶ

ミニトマト…4こ

アボカド…½こ

ピザ用チーズ…50g

塩味のポテトチップ
…好きな量

ごはん…400g

サラダ油…大さじ1

塩…2つまみ

酒…大さじ1

しょうゆ…大さじ1

ケチャップ…大さじ2

★ コショウ…少し

ウスターソース…大さじ1

さとう…小さじ1

一味とうがらし…ほんの少し

※牛と豚の合びき肉は、牛肉と豚肉を合わせたひき肉のこと。

※アボカドは、種のまわりを切って、ぐるっとまわしてはずしたものを使う。

レタスは水につけてシャキッとさせてから、水気をしっかりきろう。

# タコライス

ごはんの上に、ミートソースとたっぷりの野菜をのせる「タコライス」は、メキシコの「タコス」という料理をもとにして、沖縄でうまれた料理だよ。

## つくり方 （はじめにやっておくこと）

★の調味料を混ぜ合わせて、たれをつくる。

レタスはかさねてゆるく丸めて、1cm幅に切る。水につけておく。

玉ねぎは、横に1cm厚さくらいに切ってから、たてに1cm幅に切る。

にんにくはたてに薄切り、細切りにしてから、細かいみじん切りにする。

**（ミートソースをつくる）**

1 フライパンにサラダ油を入れて、中火にかける。少し温まったら、玉ねぎ、にんにく、塩を入れる。

ヘラでほぐしながら炒めるといい。

2 ヘラでときどき混ぜながら炒める。玉ねぎが少し茶色くなってきたら、ひき肉を入れて炒める。

3 ひき肉の赤い部分がなくなってきたら、★のたれを入れる。

**（盛りつける）**

4 ときどきヘラで混ぜながら煮る。水分がとんで、これくらい少なくなったら、火をとめる。

5 レタスはザルにあけて水気をしっかりきる。ミニトマトはヘタをとり、4等分のくし形に切る。

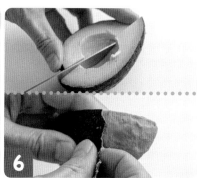

6 アボカドはたて半分に切り、皮をむく。

7 両ほうとも、またたて半分に切ってから、横1cm幅に切る。

8 2つのうつわにごはんを入れる。まん中に、4のミートソースを半分ずつのせる。

9 5と7も半分ずつ盛りつける。ピザ用チーズを半分ずつかけて、ポテトチップをくだいてちらす。

# ハヤシライス

ごはんによく合うソースと具の組み合わせだね。
缶詰をじょうずに使うと、簡単においしくできるよ！

**4人分の材料**

牛切りおとし肉…175g

玉ねぎ…1こと$\frac{1}{2}$こ

にんじん…$\frac{1}{2}$本

マッシュルーム…$\frac{1}{2}$パック

しめじ…$\frac{1}{2}$パック

にんにく…1つぶ

塩…小さじ$\frac{1}{4}$と小さじ$\frac{1}{4}$

無塩バター…30g

小麦粉…大さじ1

あらごしトマト…$\frac{1}{2}$パック
　　　　（←約200g）

水…200㎖

缶詰のデミグラスソース
　　…$\frac{1}{2}$缶（←145g）

★⎡ウスターソース…大さじ1
　⎢しょうゆ…小さじ$\frac{1}{2}$
　⎣塩…小さじ$\frac{1}{4}$

ごはん…好きな量

野菜やきのこはしっかり
炒めることで、
甘みやうま味が出るんだ。

あらごし
トマト

デミグラス
ソース

**つくり方**（はじめにやっておくこと）

しめじは下の部分を切り
おとし、1本から3本ぐ
らいに分ける。

玉ねぎは、たてに薄切り
にする。にんじんは5mm
厚さの半月切りにする。

マッシュルームはたて半
分に切ってから、薄切り
にする。

にんにくは下を切りおと
してたて半分に切り、中
心の芽をとり、薄く切る。

66

**（材料を炒める）**

**1** 牛肉に、塩小さじ $\frac{1}{4}$ をふって、まぶしつけておく。

**2** フライパンに、バターとにんにくを入れて、中火にかける。

**3** バターがとけたら、玉ねぎを入れる。しんなりするまで炒めたら、塩小さじ $\frac{1}{4}$ をふる。

新しく入れた材料は、できるだけフライパンにあたるようにして炒めるよ。

**4** マッシュルームとしめじを入れる。3分ぐらい炒めたら、にんじんを入れて1分ぐらい炒める。

**5** **1** の牛肉を入れて、炒める。

**6** 肉の色が茶色くなってきたら、小麦粉を加えて、炒める。

**（煮る）**

**7** 小麦粉が見えなくなったら、あらごしトマトを入れる。水200mℓも入れる。

**8** デミグラスソースを入れて、★を加える。

**9** 5分ぐらい煮たら、できあがり。うつわにごはんを盛りつけ、具とソースをかける。

# おべんとうをつめてみよう

**お**べんとうのふたをあけるときって、ちょっとわくわくするね。おいしそうなおべんとうにするには、つめ方も大事だよ。コツをちょっと、おしえるね。

おかずは、好きなものでいいよ。まえの日につくっておくといい。ここでは、この本にのっているおかずを使ったよ。まずは、おべんとうばこにごはんをつめて、ごはんが少しさめたら、おかずをつめはじめるんだ。

## つめたおかず

\ できあがり！ /

- ピーマンの肉づめ
  （←50ページ）
- アスパラガスの肉巻き
  （←48ページ）
- とうもろこしと玉ねぎの
  かき揚げ（←52ページ）
- ごぼうとにんじんの
  きんぴら（←44ページ）
- いりたまご（←77ページ）
- タコライスのミート
  ソース（←64ページ）
- くし形に切ったミニトマト

## ！ つめ方のポイント

- 汁気のあるものは、ペーパータオルなどでおさえて、汁を軽くとっておく。
- 最初に、形のある大きいおかずをつめる。
- すきまに、形のないおかずをつめる。
- 同じ色のおかずは、なるべくとなりにしないほうがいい。

## つめ方

**1** ピーマンの肉づめを半分に切って、つめる。

**2** アスパラガスの肉巻きを、おべんとうばこの高さに合わせて切って、つめる。

**3** かき揚げをつめて、すきまにきんぴらをつめる。

**4** もうひとつのすきまに、いりたまごをつめる。

**5** ごはんの上に、タコライスのミートソースをのせて、ミニトマトをかざる。

# 鍋でつくる

・・・・・・・・・・

じっくり煮こんだ野菜の味は、生野菜とはまたちがったおいしさだね。いっしょに煮た肉やベーコンやスープの味を、野菜がたっぷりすいこんで、スープのほうには素材の味がとけこんで、鍋の中全体がおいしくなる。そんなイメージでつくってみてね。

# ベーコンの
# シンプルポトフ

「ポトフ」は、肉やベーコンと大きめに切った野菜を煮こむ、
おでんみたいなフランスの家庭料理よ。

## 2人分の材料

じゃがいも…1こ

玉ねぎ…$\frac{1}{2}$こ

にんじん…$\frac{1}{2}$本

かたまりのベーコン…200g

ソーセージ…4本

オリーブオイル…大さじ3

水…1200㎖

塩…ひとつまみ

コショウ…少し

みじん切りにしたパセリ
　　　…少し

※鍋は、厚めのものがよい。

※パセリはなくてもよい。

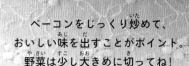

ベーコンをじっくり炒めて、
おいしい味を出すことがポイント。
野菜は少し大きめに切ってね!

## つくり方　（はじめにやっておくこと）

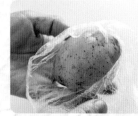

じゃがいもはよく洗い、ラップでつつむ。電子レンジに1分30秒かける。

皮つきのまま、たて半分に切ってから、横半分に切る。

玉ねぎは、横半分に切ってから、たてに3等分に切る。

にんじんは皮をむいて、食べやすい大きさの乱切りにする。

（材料を炒める）

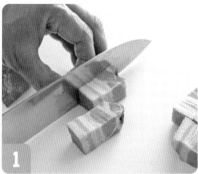

1 かたまりのベーコンは、2cm厚さぐらいに切ってから、2cm幅に切る。

2 鍋にオリーブオイルを入れて、弱めの中火にかける。ベーコンを入れる。

鍋の底についた茶色いところが、おいしい味になるのよ。

3 ときどきヘラで混ぜながら、ベーコンから脂が出て、表面が少し茶色くなるまで炒める。

（煮る）

4 じゃがいも、玉ねぎ、にんじん、ソーセージを入れる。よく混ぜて、油をからめる。

5 水を1200㎖入れる。

6 火を強火にする。

7 わいてきたら、お玉でアクや油をとってすてる。火を弱めの中火にする。

8 塩とコショウを入れる。ふたをして、10分煮る。味がたりなければ、塩をもう少し入れる。

9 火をとめて、うつわに盛りつける。パセリがあればふりかける。

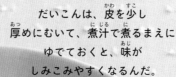

だいこんは、皮を少し
厚めにむいて、煮汁で煮るまえに
ゆでておくと、味が
しみこみやすくなるんだ。

# 豚ばらだいこん

だいこんは、煮ものにすると、
とてもおいしい野菜のひとつだね。
豚肉ともあいしょうがいい。かたまり肉がなくても、
薄切りの肉を巻いて使えばボリュームが出るよ。

## つくり方　（はじめにやっておくこと）

だいこんは2cm厚さの
輪切りにする。ピーラー
で、皮を少し厚めにむく。

半分に切る。

きぬさやは、はじを少し
おってスーッと引っぱり、
スジをとる。

（だいこんをゆでる。肉を巻く）

**1** 鍋にだいこんと、かぶるくらいの水を入れて中火にかける。わいたら弱火にして20分ゆでる。

だいこんをゆでている間に、これをやっておくといいよ。

**2** 豚ばら肉を、まな板の上において、くるくる巻いていく。

**3** 全部巻きおわったら、手でやさしくにぎって形をととのえる。

（煮汁で煮る）

**4** 1のだいこんを、ザルにあけて水気をきる。

**5** 4のだいこんと3の豚肉を、鍋にならべて入れる。

**6** ★を入れて、中火にかける。

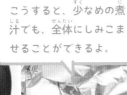

こうすると、少なめの煮汁でも、全体にしみこませることができるよ。

**7** わいてきたら、お玉でアクをとってすてる。煮汁はできるだけすくわないようにする。

**8** アルミホイルを、だいこんと豚肉にかぶせて、弱火にして20分煮る。

**9** きぬさやを入れて、もう2分から3分煮る。火をとめて、うつわに盛りつける。

# 春雨と野菜のスープ

野菜と豆と春雨でつくる、具だくさんのスープだよ。
豆は缶詰を使うから、早くできあがるのもうれしい。

ミックスビーンズの
缶詰の汁が、
いい味つけになるから、
汁ごと使うよ。

## 2人分の材料

白菜…200g

にんじん…50g

缶詰のミックスビーンズ…$\frac{1}{2}$缶
（←豆と汁の合計で200g）

緑豆春雨…40g

水…400㎖
★ 鶏がらスープのもと
　…小さじ1

塩…ひとつまみ

コショウ…少し

※ミックスビーンズは、汁のある水煮を使う。ここでは、白い
んげん豆、ひよこ豆、赤いんげん豆、うずら豆が混ざったも
のを使った。
※40gの春雨を水につけてもどすと、100gになる。

## つくり方　（はじめにやっておくこと）

春雨は、水に30分つけて
もどして、水気をきる。
半分に切っておく。

ミックスビーンズは、使
う量の豆と汁を、ボウル
に出しておく。

にんじんは皮をむく。た
てに5mm厚さに切る。

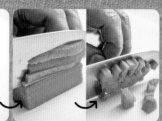

何枚かずつかさねて、細
く切る。何本かずつまと
めて、5mm幅に切る。

白菜は、白い芯と葉のほうに切り分ける。

芯についている葉も切りはなす。

芯は、たてに1cm幅に切ってから、横にして1cm幅に切る。

葉は、横に2cm幅に切ってから、たてに2cm幅に切る。

**（スープをつくる）**

**1** 鍋に★を入れる。中火にかける。

**2** 白菜の芯と、にんじんを入れる。

**3** 2分ぐらい煮たら、ミックスビーンズを、汁ごと入れる。

**4** 春雨も入れる。全体を軽く混ぜ合わせる。

**5** 白菜の葉を入れる。全体を混ぜて、なじませる。

**6** 塩とコショウを加えて、ちょうどいい味にする。うつわに盛りつける。

# ほうれん草を、おいしくゆでてみよう

野菜は、ゆで方しだいでおいしさが大きくかわるよ。
ここでは、ほうれん草を丸ごとゆでるときのゆで方をおしえるね。

**ゆで方**

根元に土がたまってい
たら、しっかり洗って
おとしてね。

**1** ほうれん草6かぶを水でよく
洗ってから、根元のほうを、
20分ぐらい水につけておく。

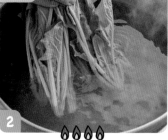

**2** 鍋に水2ℓを入れてわかし、
塩を大さじ1と$\frac{1}{2}$入れて、ほ
うれん草の根元を入れる。

**3** 10秒たったら、鍋やお湯にさ
わらないように気をつけて、
葉のほうをお湯に入れていく。

**4** さいばしで軽くほうれん草を
うごかしながら、20秒ゆでる。

**5** ほうれん草を、お湯から引き
あげる。

**6** 氷入りの水に入れて、5分ぐ
らいつけておく。

**7** 冷えたら水から出して、水気
をしぼる。

**8** このあと、必要な長さに切っ
て使う。おひたしにするとき
は、長いままでもよい。

ゆですぎないのがポイント。
ゆですぎると、食感が悪く
なってしまうよ。

# ゆでたほうれん草で、つくってみよう

ゆでたほうれん草を使って、いろいろな料理がつくれるよ。
おひたし、ごまあえ、いりたまごは、とっても簡単だからつくってみてね。

## ① おひたし

**つくりやすい量の材料**

ゆでたほうれん草…6かぶ

★ ┌ だし…200mℓ
  │ しょうゆ…大さじ1と$\frac{1}{2}$
  └ みりん…大さじ1と$\frac{1}{2}$
かつお節…好きな量

★を鍋でわかして、火をとめる。少しさめたら、冷蔵庫で冷やしておく。

ゆでたほうれん草を、ボウルやタッパーに入れ、**1**を加え冷蔵庫に30分以上入れておく。

※食べやすく切って盛りつける。汁を少しかけてかつお節をのせる。

## ② ごまあえ

**つくりやすい量の材料**

ゆでたほうれん草…2かぶ

◆ ┌ 白すりごま…大さじ1
  │ しょうゆ…大さじ$\frac{1}{2}$
  └ さとう…大さじ1

◆をボウルに入れて、混ぜておく。

ゆでたほうれん草を食べやすく切り、**1**に入れて混ぜる。

※うつわに盛る。白ごまをかけてもよい。

## ③ いりたまご

**つくりやすい量の材料**

ゆでたほうれん草…2かぶ

♥ ┌ たまご…2こ
  │ しょうゆ…小さじ1
  └ さとう…小さじ1
サラダ油…大さじ1

♥をボウルで混ぜ合わせる。ゆでたほうれん草を2cmに切って入れ、混ぜる。

フライパンにサラダ油を入れて、中火にかける。少し温まったら**1**を入れて混ぜる。

※やわらかくかたまってきたら、すぐにうつわに盛る。

# チキンのクリームシチュー

やさしい味のクリームシチュー。
シチューのルウがなくても、小麦粉と牛乳でつくれるのよ。

## 2人分の材料

鶏もも肉…1枚

★ じゃがいも…1こ
　 にんじん…1本
　 玉ねぎ…½こ

食べやすい大きさに切った

ブロッコリー…5ふさ

鶏肉にふる塩…2つまみ

鶏肉にふるコショウ…少し

オリーブオイル…大さじ2

無塩バター…40g

小麦粉…大さじ4

水…300㎖

◆ 塩…小さじ½
　 コショウ…少し

牛乳…400㎖

小麦粉をからめた
野菜に水を加えるときは、
水を少しずつ
入れながら混ぜると、
きれいに混ざるわよ。

## つくり方 （はじめにやっておくこと）

じゃがいもは皮をむき、たて半分に切ってから食べやすい乱切りにする。

にんじんは皮をむき、食べやすい大きさの乱切りにする。

玉ねぎは、横半分に切ってから、たてに4等分に切る。

ブロッコリーは、89ページと同じようにして電子レンジにかける。

（鶏肉を焼く）

**1** 鶏肉は、肉側と皮側の両面に、塩をひとつまみずつとコショウを少しずつふる。

**2** 鍋にオリーブオイルを入れて、中火にかける。**1**を皮側を下にして入れて、5分ぐらい焼く。

**3** 皮に焼き色がついたら火をとめ、鍋からとり出す。少しさめたら、食べやすい大きさに切る。

（シチューをつくる）

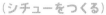

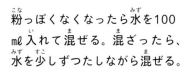

水をたす、混ぜる、たす、混ぜるをくり返す。

**4** **3**の鍋を中火にかけ、★の野菜を入れて1分ぐらい炒める。火をとめてバターを入れて混ぜる。

**5** バターがとけたら、小麦粉を入れて、全体を混ぜる。

**6** 粉っぽくなくなったら水を100㎖入れて混ぜる。混ざったら、水を少しずつたしながら混ぜる。

鍋の底に野菜がくっつかないように、ときどきかき混ぜてね。

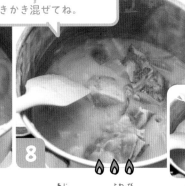

**7** 水を全部入れおわったら弱めの中火にかける。ときどき混ぜながら、とろみがつくまで煮る。

**8** ◆で味つけし、弱火にして10分ぐらい煮る。にんじんが煮えていたら、**3**の鶏肉を入れる。

**9** 牛乳を入れ、中火でもう10分煮る。ブロッコリーを入れ、温まったらうつわに盛りつける。

# ロールキャベツ

ひき肉をつつんで煮こんだキャベツが、おいしい！
キャベツをやわらかくするときは、
電子レンジを使うと簡単だよ。

## 8こ分の材料

キャベツ…1こ
玉ねぎ…$\frac{1}{2}$こ
厚切りのベーコン…50g
牛と豚の合びき肉…400g

★
┌ 塩…小さじ1
│ ナツメグ…ひとつまみ
│ 黒コショウ…少し
│ たまご…1こ
│ パン粉…50g
└ 粉チーズ…40g

◆
┌ あらごしトマト
│　　…1パック（←388g）
│ 水…200mℓ
└ 塩…小さじ1

あらごし
トマト

煮こむときの鍋は、
ロールキャベツがぴっちり
入る大きさのものを
選ぶことが大事。

## つくり方 （はじめにやっておくこと）

熱くなるから
気をつけてね！

キャベツは水で洗って丸
ごとラップでつつみ、電
子レンジに10分かける。

ラップをはずす。太い軸
の根元を包丁で切る。1
枚ずつ葉をはがす。

太い軸の部分は、包丁で
切りとって、薄くする。

玉ねぎは、みじん切りに
する。ベーコンは1cm幅
2cm長さくらいに切る。

（中身の具をつくる）

1 ボウルにひき肉と玉ねぎと、★
を入れる。

2 手でよく混ぜ合わせる。

3 8等分にして、丸めて少し横長
にしておく。

（具をキャベツで巻く）

小さいキャベツは、はじを
少しかさねて何枚かならべ
て、1枚分にするといい。

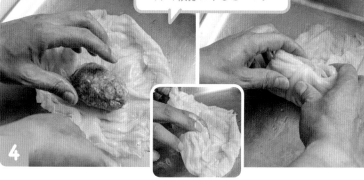

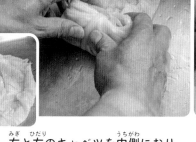

4 キャベツを1枚ひろげて、3を
1つのせる。手まえのキャベツ
をかぶせる。

5 右と左のキャベツを内側におり
たたんで、むこう側にくるっと
巻いていく。

6 巻きおわったところ。同じよう
にして、あと7こ巻く。

（煮る）

7 鍋に6を8こ、きっちりならべ
て入れる。ベーコンをちらす。

8 ◆も入れる。中火にかける。わ
いたらふたをして、弱火にして
30分煮る。

9 できあがり。火をとめて、うつ
わに盛りつける。

## 4人分の材料

鶏もも肉…1枚
（←300gぐらい）

玉ねぎ…1こ

じゃがいも…1こ

なす…1本

ズッキーニ…$\frac{1}{2}$本

赤パプリカ…$\frac{1}{2}$こ

にんにく…1つぶ

★ カレー粉…大さじ2
　 小麦粉…大さじ4

◆ 塩…2つまみ
　 コショウ…少し

サラダ油…大さじ2

バター…10g

塩…2つまみ

鶏のスープ…約500㎖

しょうゆ
…大さじ1と$\frac{1}{2}$

♥ みりん…大さじ1と$\frac{1}{2}$

ケチャップ…大さじ2

さとう…小さじ1

ごはん…好きな量

※にんにくは、みじん切りにしておく。
※★は、混ぜ合わせておく。
※鶏のスープは、粉の鶏がらスープのもとを、水でといたもの。塩味が強いときは、少し薄めにといておく。

# 野菜とチキンのカレー

野菜の組み合わせをかえるだけで、
いろいろなカレーがつくれるよ！

## つくり方

（はじめにやっておくこと）

玉ねぎはたてに薄切りにする。ズッキーニは1cm幅の半月切りにする。

パプリカはヘタと種をとり、たてに2cm幅に切って、横に2cm幅に切る。

鶏のスープは一気に入れないで、少しずつ加えながら混ぜて、ちょうどいいとろみにするよ。

じゃがいもは皮をむき、食べやすい乱切りにする。水に5分つけておく。

なすはヘタを切りおとし、食べやすい乱切りにする。水に5分つけておく。

鶏肉は、ひと口で食べられるくらいに切る。◆の塩とコショウをふる。

（鶏肉を炒める）　（野菜を炒める）

鍋にサラダ油を入れて中火にかける。鶏肉を入れて炒める。白っぽくなったらとり出しておく。

1の鍋を中火にかけて、バターを入れる。玉ねぎ、にんにく、塩を2つまみ入れて炒める。

玉ねぎがしんなりしたらズッキーニ、パプリカ、水をきったじゃがいもとなすを入れて炒める。

だんだんカレーのいい香りがしてくるよ。

（煮る）

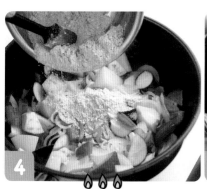

バターが全体になじんだら、弱火にして★を加える。

粉っぽくなくなるまで炒める。

鶏のスープを少し加えて混ぜる。また少し加えて混ぜる。これを何回かくり返す。

最後に味見して、味がたりなければ、塩やコショウを少したしてもいいよ。

（盛りつける）

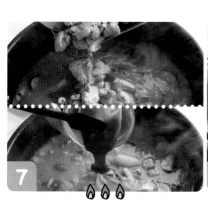

ちょうどいいとろみになったら、1の鶏肉を入れる。♥も加えて混ぜ合わせる。

ふたをする。こげつかないように、とちゅうで何回かかき混ぜながら、弱火で20分ぐらい煮る。

うつわにごはんを盛り、できあがったカレーをかける。

# キーマカレー

いろいろな野菜のおいしさが、たっぷり
とけこんだカレーだよ。野菜をたくさん切るのは
ちょっとたいへんだけれど、とってもおいしいから、
時間のあるときにつくってみてね。

野菜をじっくり
炒めて甘みを出すと、
カレー粉とのバランスが
よくなるよ。

| | |
|---|---|
| 牛と豚の合びき肉 …250g | 無塩バター…30g |
| | 塩…大さじ$\frac{1}{2}$ |
| 玉ねぎ…1こと$\frac{1}{2}$こ | 缶詰のトマトホール …$\frac{1}{2}$缶（←200g） |
| にんじん…$\frac{1}{2}$本 | |
| ピーマン…1こ | 水…200㎖ |
| 黄パプリカ…$\frac{1}{4}$こ | ウスターソース …小さじ4 |
| 赤パプリカ…$\frac{1}{4}$こ | |
| なす…1本と$\frac{1}{2}$本 | しょうゆ…小さじ2 |
| にんにく…10g | カレー粉…大さじ2 |
| しょうが…10g | ごはん…好きな量 |

※トマトホールはボウルに出して、ヘラなど
　で、かたまりを少しつぶしておく。

**つくり方**（はじめにやっておくこと）

にんにくは、下の部分を
少し切りおとし、薄切り
にして細切りにしてから、

みじん切りにする。

しょうがは皮をむき、薄
切りにして細切りにして
から、

みじん切りにする。

（野菜を切る）

**1** 玉ねぎは、たて5mm厚さに切ってから、横5mm幅に切る。

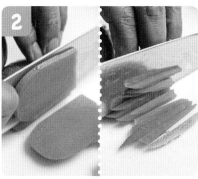

**2** にんじんは皮をむいて、たて5mm厚さに切ってから、たて5mm幅に細く切る。

**3** 2を何本かずつまとめて横にして、5mm幅に切る。

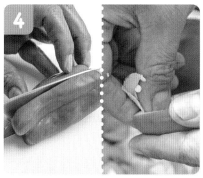

**4** ピーマンは、たて半分に切る。ヘタと種をとる。

**5** 4をたて1cm幅に切ってから、横にして1cm幅に切る。

**6** 黄と赤のパプリカも、ヘタと種をとり、ピーマンと同じように、たてと横に1cm幅に切る。

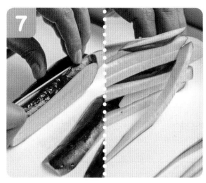

**7** なすはヘタを切りおとす。たて5mm厚さに切ってから、たてに5mm幅に細く切る。

**8** 7を何本かずつまとめて横にして、5mm幅に切る。

**9** 切りおわった野菜は、別々にしておく。

つぎのページにつづく ≫

（野菜とひき肉を炒める）

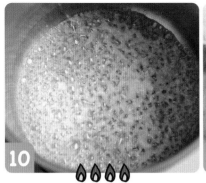

**10**

鍋にバター30ｇとにんにく、しょうがを入れて、中火にかける。

こげやすいから注意してね。

水分がとんで、音がチリチリしてくるよ。

**11**

1分ぐらいたったら、玉ねぎとにんじんを入れる。塩を大さじ$\frac{1}{2}$入れて、8分ぐらい炒める。

**12**

しんなりしてきたら、なす、ピーマン、パプリカを入れて、また5分ぐらい炒める。

だんだん水分がとんで、色もかわってくるよ。

（煮る）

**13**

ひき肉を入れて、5分ぐらい炒める。

**14**

トマトホールを入れて、混ぜる。

**15**

水を200㎖入れて、混ぜる。火を弱火にする。

**16**

ウスターソース小さじ4としょうゆ小さじ2を加えて混ぜる。ふたをして、弱火で30分煮る。

**17**

カレー粉を大さじ2加える。

**18**

混ぜながら、1分ぐらい弱火にかける。うつわにごはんを盛り、キーマカレーをかける。

# オーブンや
# オーブントースターで
# つくる

..........

うつわに入れて、オーブンやオーブントース
ターに入れたら、あとはできあがるのをまつ
だけだよ！　オーブンはそれぞれちょっとず
つちがうから、焼き時間は、焼き色を見なが
ら調整してね。

玉ねぎ…$\frac{1}{2}$こ

黄パプリカ…$\frac{1}{2}$こ

マッシュルーム…5こ

ミニトマト…6こ

ヤングコーン…4本

★ 食べやすい大きさに
切ったブロッコリー
…4ふさ

サラダ油…大さじ1

塩…ひとつまみ

マヨネーズ…好きな量

粉チーズ…好きな量

パン粉…好きな量

# ゴロゴロ野菜の
# マヨネーズチーズ焼き

野菜にたっぷりマヨネーズをしぼり、
チーズとパン粉をふって焼くだけ。
簡単だけど、食べごたえがあっておいしい!

パン粉をふって焼くと、
こうばしい焼き目がついて、
サクサクした食感も
加わるわよ。

**つくり方** (はじめにやっておくこと)

玉ねぎは、横半分に切ってから、たて4等分に切る。

パプリカはヘタと種をとり、たて4等分に切る。

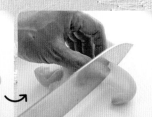

それを全部、横3等分に切る。

マッシュルームは、たて半分に切る。ミニトマトは、ヘタをとる。

**（野菜を加熱する）**

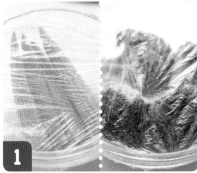

1　★は別々のうつわに入れて水を少しかけ、ラップをして電子レンジに1分30秒ずつかける。

2　フライパンにサラダ油大さじ1を入れて、強めの中火にかける。マッシュルームを入れる。

3　パプリカと玉ねぎを入れる。

**（グラタン皿に入れて、オーブントースターで焼く）**

4　ミニトマトを入れる。塩をひとつまみふる。

5　ときどき野菜をうら返しながら炒める。表面が少し茶色くなってきたら火をとめる。

6　グラタン皿に、5の野菜を入れる。

7　1のヤングコーンとブロッコリーも入れる。

8　全体に、マヨネーズをたっぷりしぼる。

9　粉チーズとパン粉を全体にかけ、オーブントースターで、焼き目がつくまで15分ぐらい焼く。

# じゃがいものグラタン

牛乳と生クリームでつくる、
シンプルなじゃがいものグラタンよ。
チーズの焼き目がおいしそうでしょ。

### 23cm×13cm高さ5cmのグラタン皿1こ分の材料

大きめのじゃがいも…3こ

半分に切ったにんにく…$\frac{1}{2}$つぶ

無塩バター
…うつわ全体にぬれる量

★
┌ 生クリーム…100mℓ
│ 牛乳…200mℓ
│ 塩…2つまみ
│ コショウ…少し
└ ナツメグ…1g

ピザ用チーズ…50g

※じゃがいもは、「メークイン」と
　いう種類が、この料理にはむい
　ている。小さければ4こ使う。

※ナツメグは、なくてもよい。

※チーズがたりなければ、もう少
　したしてもよい。

切りおわったじゃがいもは、
水につけないのがポイント。
水につけると、グラタンに
とろみがつきにくいの。

## つくり方 （はじめにやっておくこと）

指を切らないように、
気をつけてね。

グラタン皿の内側全体に、
にんにくの切り口をこす
りつける。

バターも、内側全体にぬ
りつける。

じゃがいもは、皮をむく。
スライサーで、1mm厚
さに切る。

★の材料を、ボウルに入
れて混ぜ合わせておく。

**（グラタン皿に材料を入れる）** ＊オーブンは、焼きはじめられそうな時間に合わせて、180℃に予熱しておく。

**1** グラタン皿に、じゃがいもの $\frac{1}{3}$ 量を、少しずつかさねながら、薄く全体にしきつめる。

**2** チーズを、パラパラと全体に少しかける。★を、じゃがいもが完全にかくれないぐらい入れる。

**3** のこりのじゃがいもの半分を、薄くしきつめる。

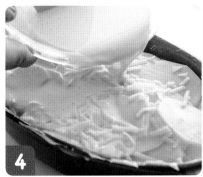

**4** またチーズを全体に少しふりかけて、★を、じゃがいもが完全にかくれないぐらい入れる。

**5** のこりのじゃがいもを、全部しきつめる。

**6** のこりの★を、全体にかける。

> これは、焼き色がつきすぎないようにするため。熱いから、ミトンや軍手をはめてね！

**（オーブンで焼く）**

**7** のこりのチーズを、全体にたっぷりのせる。180℃のオーブンに入れて、10分焼く。

**8** いちどオーブンからとり出して、アルミホイルをかぶせる。オーブンにもどしてもう10分焼く。

**9** 竹串をさしてみて、スッとささるようならできあがり。ささりにくければ、もう少し焼く。

91

# なすとトマトのかさね焼き

かさねて焼くことで、別々に食べるより、
もっとおいしくなる。なすとトマトは、
とてもあいしょうのいい組み合わせだよ。

## 4人分の材料

フルーツトマト…5こ

なす…4本

塩…小さじ2と4つまみ

小麦粉…なすにまぶせる量

オリーブオイル
　…50mℓと大さじ1

★┌ 粉チーズ…大さじ4
　└ パン粉…大さじ4

モッツァレラチーズ
　…1こ（←100g）

バジルの葉…1枝分

※フルーツトマトは、甘みの
　強いトマト。ここでは、1こ
　60gぐらいのものを使った。

お店では、なすを油で
揚げてつくるけれど、
ここでは少し簡単に、
油で焼いてつくる
方法にしたよ。

## つくり方　（はじめにやっておくこと）

だんだん水分が
出てくるよ。

フルーツトマトはたて半
分に切り、ヘタを切りと
る。横に4枚に切る。

なすはヘタを切りおとす。
たてに7mm幅ぐらいに
切る。

バットにならべて、全体
に塩を小さじ2ふる。15
分ぐらいおいておく。

ペーパータオルではさん
で軽くおして、出てきた
水分をすいとる。

**（なすを焼く）**

よぶんな油を、すいとらせるんだ。

1 なすの両面に、小麦粉を薄くつける。フライパンにオリーブオイル50mℓとなすを入れる。

2 中火にかけて、下の面に焼き色がついたら、うら返す。バットにペーパータオルをしいておく。

3 下にした面にも焼き色がついたら、火をとめる。なすをペーパータオルの上にとり出す。

**（かさね焼きをつくる）** ＊オーブンは、焼きはじめられそうな時間に合わせて、180℃に予熱しておく。

4 グラタン皿に、フルーツトマトの半分をひろげてしく。塩を2つまみふる。

5 3のなすの半分を、トマトの上にならべてしく。

6 ★の半分をふりかける。モッツァレラチーズの半分も、ちぎってのせる。

7 のこりのトマトをひろげてのせる。塩を2つまみふる。

8 のこりのなすをならべる。のこりの★をかけて、モッツァレラチーズもちぎってのせる。

9 バジルをちぎってちらす。オリーブオイル大さじ1をかける。180℃のオーブンで15分焼く。

# 野菜のラザニア

ラザニアは、四角くてたいらなパスタだよ。
野菜たっぷりのクリームソースと
かさねて焼くと、おいしいよ！

### 4人分の材料

| | |
|---|---|
| ラザニアシート…3枚 | 無塩バター…10g |
| トマト…1こ | 塩…ひとつまみと |
| ブロッコリー…$\frac{1}{4}$こ | 　小さじ$\frac{1}{2}$ |
| ズッキーニ…$\frac{1}{2}$本 | 牛乳…200㎖ |
| ゆでたヤングコーン | 缶詰のホワイトソース |
| 　…2本 | 　…1缶（←290g） |
| ほうれん草…1かぶ | 粉チーズ…30g |
| 玉ねぎ…$\frac{1}{4}$こ | ピザ用チーズ…70g |

※うつわは、たて15cm、横20cmの四角いグラタ
　ン皿を使った。

ラザニア
シート

ラザニアシートは、
ゆでずに使えるものを
使ったけれど、
ゆでるタイプのものを
使ってもいいよ。

## つくり方 （はじめにやっておくこと）

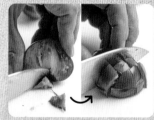

トマトはたて半分に切り、
ヘタを切りとる。たてと
横が1cmくらいに切る。

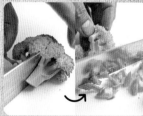

ブロッコリーも、トマト
と同じくらいの大きさに
切る。

ズッキーニは、たて半分
に切り、

5mm厚さの半月切りに
する。

ヤングコーンは、1cm幅に切る。

ほうれん草は下の部分を切りおとし、3cm長さに切る。

玉ねぎは、たてに薄切りにする。

・・・・・・・・・・・・・・・・・・・・・・・・・・・・・・・・・・・・・・・・・・・・・・・・・・・・・

（具とソースをつくる）

**1**

フライパンにバター10gと玉ねぎを入れる。中火にかけて、塩をひとつまみ加える。

**2**

しんなりするまで炒める。

**3**

牛乳を加える。

**4**

ブロッコリー、ズッキーニ、ヤングコーン、ほうれん草を入れて混ぜる。わいたら弱火にする。

**5**

1分ぐらい煮たらホワイトソースを加える。混ぜながらとかす。塩を小さじ$\frac{1}{2}$加える。

**6**

トマトを加えて、全体に混ぜる。火をとめる。

つぎのページにつづく ≫

》

（ラザニアをつくる）　*オーブンは、焼きはじめられそうな時間に
　　　　　　　　　　　合わせて、180℃に予熱しておく。

**7**

グラタン皿に、⑥の $\frac{1}{3}$ 量を入れてひろげる。

**8**

粉チーズの $\frac{1}{3}$ 量をかける。

**9**

ピザ用チーズの $\frac{1}{3}$ 量をかける。

> うつわの大きさに合わせて、わって使うといい。

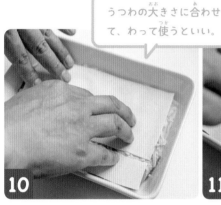

**10**

ラザニアシートを、1枚と $\frac{1}{2}$ 枚のせる。

**11**

のこりの⑥の半分をのせて、ひろげる。

**12**

のこりの粉チーズの半分をかけて、のこりのピザ用チーズの半分もかける。

> ゆでたラザニアシートを使ったときは、すぐに焼きはじめていいよ。

**13**

ラザニアシートを、1枚と $\frac{1}{2}$ 枚のせる。

**14**

のこりの⑥を、全部のせてひろげる。

**15**

のこりの粉チーズとピザ用チーズをかける。20分おいてから、180℃のオーブンで15分焼く。

## 旬てなに？

「旬の野菜を食べよう」って、よくいわれるね。でも、旬てなんだろう？　旬の野菜を食べると、なにかいいことがあるのかな？

野菜の旬というのは、その野菜が、いちばんおいしくなって、栄養素の量も多くなる時期のことだよ。だから、旬の野菜を食べるとおいしいだけじゃなくて、栄養素もたくさんとれるということになる。一年中お店にならんでいる野菜もあるけれど、味や栄養素の量は、いつも同じじゃないんだ。なぜなら野菜は生きているから。太陽の光や水の量、気温など、いろいろな影響をうけて育つからだよ。

たとえば、白菜やだいこん、ほうれん草などは、寒くなると甘みが強くなるから、冬が旬といわれる。栄養素の中にも、冬のほうが多くなるものがある。たとえば冬のほうれん草のビタミンCの量は、夏のほうれん草の3倍くらいになっているんだ。旬は、野菜によってちがうし、つくられる場所によっても少しずつちがっていたりするよ。旬がとても短い野菜もあれば、年に2回旬がある野菜もある。いろいろしらべてみるといいよ。

冬　春　秋　夏

旬は
いつかな？

## 冬野菜が甘くなるしくみ

ところで、どうして冬の白菜やほうれん草やだいこんが、甘くなるかわかるかな？　人間のために甘くなっているわけじゃないよ。そのわけを知るためには、「水」のことをちょっと知っておく必要がある。

水は冷やすと氷になるね。何℃でこおりはじめるか知っているかな？　そう、0℃だね。だけど、水になにかをとかしておくと、0℃でもこおらないんだ。たとえばさとうや塩をとかした水は、0℃より低い温度にしないとこおらない。冬が旬の野菜が甘くなるのは、このことと関係があるんだよ。

野菜の中は水分がいっぱいだから、寒くなってこれがこおってしまうと大変だ。こわれてしまうからね。だから、白菜やほうれん草やだいこんは、自分の体の中で「とう」をたくさんつくりだして、水分を濃くして、こおらないようにしているんだ。つまり、自分の体をそうやってまもっているんだね。

「とう」は甘いから、人間が食べたときに、その野菜を甘く感じるというわけだ。これが、冬野菜が甘くておいしい理由だよ。

## どうして炒めるのかな？

シチューやカレー、ハヤシライスは、もうつくってみたかな？　この3つの料理には、つくり方に同じ特徴があるよ。わかるかな？

それはね、最初に材料を炒めてから、煮こむところ。でも、なんで最初に炒めるんだろうね？　どうせ煮たらやわらかくなるんだから、はじめから煮ちゃえばいいのにって、思わない？　でもね、ちゃんとそれには理由があるんだよ。

たとえば、84ページのキーマカレーは、細かく切った野菜を、最初にじっくり時間をかけて炒める。こうやって炒めることで、おいしい味ができるんだ。炒めるうちに野菜の色

も少しかわってきて、おいしそうな香りも出てくるよ。鍋の下にこびりついた茶色いものは、おいしい味になる部分だよ。「こげ」とはちがう。こげるといやな味やにおいが出てくるから、こがさないように注意しよう。

こうしておいしい味や香りを出してから水を入れて煮こむと、煮汁にその味がとけこんで、おいしくなるんだ。だから、ちょっとがんばって炒めてみて。

## 野菜の皮の使い方

野菜を料理に使うと、皮や、芯などの切れはしがたくさん出るね。シェフたちは、それを使って野菜のだしをとるよ。皮や切れはしからも、いい味が出るからね。

だいこんやじゃがいもやにんじんの皮、白菜やキャベツの芯や切れはし、長ねぎの青い部分、しいたけの軸などを、組み合わせて使うことが多い。入れるものによって、だしの

味が少しずつかわるんだ。ほうれん草みたいな葉っぱの野菜や、ごぼうなどの、アクの強い野菜は入れないほうがいい。野菜だけでは味がちょっとたりないから、昆布や昆布のだしを加えて煮たり、できた野菜だしを、かつおだしと合わせて使っているよ。味つけして野菜スープやみそ汁にしたり、いろいろな使い方ができるんだ。みんなもやってみてね。

**1**

野菜の皮や切れはしに、昆布だし、または昆布と水を加えてコトコト20分ぐらい煮る。

**2**

ペーパータオルをしいたザルをボウルの上にのせて、鍋の中身をあけて、だしをとる。

# めんとニョッキ

...........

めん料理も、野菜を組み合わせてつくるとバランスがいい。ここでは、そうめん、そば、ラーメン、パスタを、野菜と合わせてつくったよ。ニョッキは、おだんごみたいなイタリア料理。イタリアでは、パスタと同じように食べられているよ。

# オクラと長いものせ そうめん

つるつるしたそうめんと、オクラと長いもの、
ねばねばサクサクの組み合わせがおいしい！

そうめんは、ゆでてから
水でしっかりもみ洗いすると、
つるっとしておいしくなるよ。

## 2人分の材料

そうめん…3わ

オクラ…6本

長いも…100ｇ

きざみのり…好きな量

塩…4つまみ

┌ だし…400㎖
★ 薄口しょうゆ…50㎖
└ みりん…50㎖

※そうめんなどのめんは、1
つのたばを、「わ」と数える。

## つくり方 （はじめにやっておくこと）

こうすると、オクラの
細い毛がとれるよ。

ゆでるまえに、氷水
を用意しておいてね。

★は鍋に入れてわかす。
火をとめて、少しさまし
てから、冷蔵庫で冷やす。

オクラはまな板において
塩を2つまみかけ、手で
上下に5回ほどころがす。

鍋にお湯をわかしてオク
ラを入れ、40秒ぐらいゆ
でる。

お湯からとり出して氷水
に入れる。冷えたらペー
パータオルで水気をとる。

（野菜を切る）

**1** ゆでたオクラは、ヘタを切りおとしてから、5mm厚さくらいに切る。

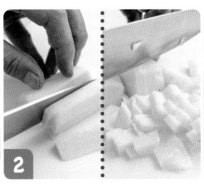

**2** 長いもは皮をむく。たて半分に切ってから、たて5mm厚さに切り、横にも5mm幅に切る。

**3** ②を包丁でたたくようにしながら、細かいみじん切りにする。

（そうめんをゆでる）

ゆで時間は、そうめんの袋に書いてあるとおりにね。

**4** ③の全体に塩を2つまみふりかけて、混ぜておく。

**5** 鍋にたっぷりのお湯をわかす。ボウルに水を入れておく。お湯がわいたらそうめんを入れる。

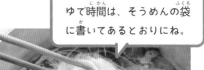

**6** さいばしでときどき混ぜながら、ゆでる。わいてこぼれそうになったら、火を弱める。

水道のじゃ口の下にザルをおいて、水をかけながら洗ってもいい。

（盛りつける）

**7** ゆであがったらザルにあけて水気をきる。ボウルの水につけて、手ではさんでもみながら洗う。

**8** ザルで水気をきり、氷をのせて冷やしておく。冷えたらそうめんを、2つのうつわに入れる。

**9** ★のつゆを半分ずつかける。④の長いもと①のオクラを半分ずつのせて、きざみのりものせる。

野菜は、火のとおりにくいものを
先に煮て、火がとおりやすいものは、
あとから入れてさっと煮るといい。

# 野菜たっぷりにゅうめん

にゅうめんは、そうめんを使ってつくる、
温かいめん料理だよ。いろいろな野菜を、
たっぷり入れてつくるとおいしい。

**2人分の材料**

そうめん…3わ

白菜…1枚

5cm長さくらいに
　切ったにんじん…50g

玉ねぎ…1/4こ

にら…3本

もやし…100g

┌ だし…800ml
│ 薄口しょうゆ…大さじ3
★ みりん…大さじ3
└ さとう…小さじ1

## つくり方 (はじめにやっておくこと)

白菜は、葉と芯の部分に
切り分ける。

芯は、横5cm幅に切って
から、

たてに、1cm幅くらいに
切る。

葉は、横に1cm幅くらい
に切る。

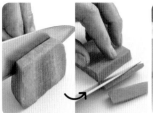

にんじんは皮をむき、たて1cm厚さに切る。たおして5mm厚さに切る。

玉ねぎは、たてに薄切りにする。

にらは5cm長さに切る。

もやしは、根をとる。

- - - - - - - - - - - - - - - - - - - - - - - - - - - - - - - - - - - - - - - - - - - - - - - - - - - - - - -

**（汁に具を入れて煮る）**

**1**

鍋に★を入れて、中火にかける。白菜の芯と葉、にんじん、玉ねぎを入れて煮る。

**2**

わいてきたら、お玉でアクをとってすてる。弱火にして、5分ぐらい煮る。

**3**

もやしとにらを入れて、30秒ぐらい、さっと煮る。火をとめておく。

**（そうめんをゆでる）**

水道のじゃ口の下にザルをおいて、水をかけながら洗ってもいい。

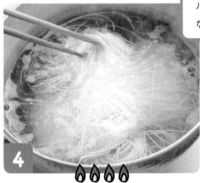

**4**

101ページの**5**、**6**と同じようにして、そうめんをゆでる。

**5**

ゆであがったらザルにあけて水気をきる。ボウルの水につけて、手ではさんでもみながら洗う。

**（盛りつける）**

**6**

ザルで水気をきり、2つのうつわにそうめんを入れる。**3**の具と汁を、半分ずつかける。

具と汁を
つくっておいてから、
そばをゆではじめると
いいよ。

# きのこそば

3種類のきのこのおいしさが味わえる、
温かいそば。どのきのこが好きかな？

**2人分の材料**

そば…2わ
鶏もも肉…150g
大きめのエリンギ…1本

しめじ…1パック

しいたけ…2枚

万能ねぎ…3本

★
だし…800㎖
しょうゆ…大さじ3と$\frac{1}{2}$
みりん…大さじ3と$\frac{1}{2}$
さとう…小さじ2

## つくり方 （はじめにやっておくこと）

エリンギは、下半分を
5mm厚さの輪切りにす
る。

上半分は、たて5mm厚
さに切る。

しめじは下のかたい部分
を切りおとし、1本ずつ
に分ける。

しいたけは軸を切りおと
し、薄切りにする。万能
ねぎは3mm幅に切る。

**（汁に具を入れて煮る）**

**1** 鶏肉は、皮を下にして2cm幅に切る。

**2** 1を全部、はじから2cm幅くらいに切る。

**3** 鍋に、★と鶏肉を入れる。

**4** エリンギ、しめじ、しいたけも入れる。

**5** 中火にかける。

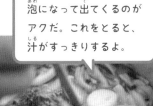

> 泡になって出てくるのがアクだ。これをとると、汁がすっきりするよ。

**6** わいたら、お玉でアクをすくってすてる。弱火にして、6分ぐらい煮て、火をとめる。

**（そばをゆでる）**

**7** 鍋にたっぷりのお湯をわかす。わいたらそばを入れる。

> ゆで時間は、そばの袋に書いてあるとおりにね。

**8** ときどきさいばしで混ぜながら、ゆでる。わいてきてこぼれそうになったら、火を弱める。

**（盛りつける）**

> 6が冷えていたら、少し温めてからかけるといい。

**9** 8をザルにあけて、水気をきる。2つのうつわに入れて、6を半分ずつかけ、万能ねぎをのせる。

# タンメン

野菜がたっぷり入ったラーメンだ。
牛乳でこくを加えたスープもおいしいぞ！

最初に豚肉をじっくり炒めて、おいしい脂や香りを出してから、野菜を入れるよ。

## 1人分の材料

ラーメンのめん…1玉

★
- にんじん…30g
- キャベツ…$\frac{1}{8}$こ
- もやし…80g
- しめじ…$\frac{1}{4}$パック

薄切りの豚ばら肉…70g

水…350㎖

- 酒…大さじ1
- さとう…小さじ$\frac{1}{4}$
- 塩…小さじ$\frac{1}{4}$
◆
- 鶏がらスープのもと…小さじ$\frac{1}{2}$
- コショウ…少し

牛乳…大さじ2

※具は、少し多めにできあがる。

## つくり方 （はじめにやっておくこと）

ここをとると、もやしのくさみが出ないよ。

にんじんは皮をむく。たてに3mm厚さに切ってから、細く切る。

キャベツは芯を切りおとしてから、ななめに1cm幅に切る。

もやしは根をとる。しめじは下の部分を切りおとし、1本ずつに分ける。

豚肉は、2cm幅に切る。

（具とスープをつくる）

低い温度からじっくり炒めて、豚肉の脂や香りを出すよ。

**1** フライパンに、豚肉をひろげて入れて、中火にかける。

**2** 下の面に焼き色がついてきたら、うら返しながら炒める。全体が白っぽくなったら、★を入れる。

**3** 水を350㎖入れる。

**4** ◆を入れる。全体を混ぜる。

**5** わいてきて、野菜が少ししっとりしたら、

**6** 牛乳を入れて、混ぜ合わせる。またわいたら、火をとめてふたをしておく。

（めんをゆでる）

めんをゆでているあいだに、6を弱火で温めておくといいよ。

（盛りつける）

**7** 別の鍋にたっぷりのお湯をわかして、柄のついたザルをかける。めんをほぐしながら入れる。

**8** ときどきさいばしで混ぜながらゆでる。ザルをあげて、水気をきる。

**9** ゆでめんを、うつわに入れる。6の具とスープをかける。

具を炒めるときは、最初にひき肉を炒めて肉の味や脂を出してから、野菜を加えるといいよ。

## 1人分の材料

ラーメンのめん…1玉　　めんつゆ

豚ひき肉…80g

ちんげん菜…1かぶ

もやし…50g

にんにく…1つぶ　　ごましゃぶだれ

★
- 酒…大さじ1
- 塩…ひとつまみ
- コショウ…少し
- しょうゆ…小さじ$\frac{1}{5}$ぐらい

◆
- 2倍濃縮のめんつゆ…大さじ2
- ごましゃぶだれ…大さじ2
- 鶏がらスープのもと…小さじ$\frac{1}{3}$
- しょうゆ…小さじ1
- コショウ…少し

お湯…350㎖

※にんにくのかわりに、チューブのにんにく小さじ$\frac{1}{4}$を使ってもよい。

※具は、少し多めにできあがる。

# たんたんめん

お店のたんたんめんは、からいけれど、これはからくないごまだれ味だから、子どもでもおいしく食べられるよ。

## つくり方（はじめにやっておくこと）

ちんげん菜は、根元を少し切りおとす。茎と葉のほうに切り分ける。

葉は横に3等分に切る。

茎はたて半分に切ってから、くし形に切る。

にんにくは、横に薄切りにする。

**（具をつくる）**

フライパンにおしつけて焼くようにして、肉の香りと脂を出すよ。

**1** フライパンにひき肉を入れて、中火にかける。ときどきヘラでおしつけながら炒める。

**2** ひき肉が白っぽくなったらにんにくを入れる。1分炒めてから、ちんげん菜の茎を入れる。

**3** 30秒ぐらい炒めてから、もやしとちんげん菜の葉を入れて、混ぜる。

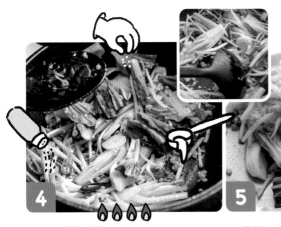

**4** ★の酒、塩、コショウ、しょうゆを入れる。30秒ぐらい炒める。

**5** 野菜がつやつやになったら、火をとめて、フライパンからとり出しておく。

**（汁をつくる。めんをゆでる）**

**6** どんぶりに、◆を入れておく。スープ用のお湯を、わかしておく。

**（盛りつける）**

**7** 別の鍋にたっぷりのお湯をわかして、107ページの**7**、**8**と同じようにしてめんをゆでる。

**8** **6**のどんぶりに、わいたスープ用のお湯を350mℓ入れて混ぜる。

**9** 水気をきった**7**のめんを**8**のどんぶりに入れる。**5**の具を好きな量のせる。

# 冷やし中華

トマトの赤と、きゅうりの緑、
たまごの黄色の組み合わせがおいしそうだね。
野菜は、色も大事な役目をしているんだよ。

薄焼きたまごは、
強火で焼こうとしないで、
温めたフライパンの熱を
使うと簡単だよ。

## 1人分の材料

ラーメンのめん…1玉

★
┌ きゅうり…$\frac{1}{2}$本
│ トマト…$\frac{1}{4}$こ
│ サラダチキン
└ …$\frac{1}{2}$枚（←50gぐらい）

┌ オレンジジュース…大さじ2
│ さとう…大さじ1
◆ 酢…大さじ1
│ しょうゆ…大さじ1
└ ごま油…小さじ$\frac{1}{2}$

### 薄焼きたまごの材料

┌ たまご…1こ
♥ ┌ 塩…少し
│ └ 水どきかたくり粉…小さじ$\frac{1}{2}$
└ サラダ油…少し

※サラダチキンは、売っているものでも、自分でつくったものでもよい。
※水どきかたくり粉は、かたくり粉と水を、同じ量ずつ混ぜ合わせたもの。

## つくり方 （はじめにやっておくこと）

きゅうりは3mm幅のな
め切りにする。ならべ
て、たてに細く切る。

トマトは、食べやすい大
きさのくし形に切る。

サラダチキンは、手で細
くさいてほぐす。

◆を混ぜ合わせて、たれ
をつくる。

（薄焼きたまごをつくる）

> かたくり粉を入れると、薄焼きたまごがやぶれにくくなるんだ。

> フライパンの10㎝上で手のひらをひろげてみて、熱を感じたら温まっている。

**1** たまごをわって、ボウルに入れる。さいばしで混ぜてほぐす。♡を加えて全体に混ぜる。

**2** フライパンを中火にかける。ペーパータオルにサラダ油をつけて、フライパンにぬりつける。

**3** フライパンがじゅうぶんに温まったら、いったん火をとめて、１を入れる。

> フライパンにさわらないように気をつけて！

**4** 弱火にかけて、フライパンをかたむけながらまわしてたまごを全体にひろげ、また火をとめる。

**5** まわりのかわいた部分を、はしなどで少しもちあげて、そこを指ではさんでゆっくりはがす。

**6** うら返してフライパンにもどす。火をつけなくても、フライパンの熱で、火がとおる。

（めんをゆでる）　（盛りつける）

> めんがゆであがるまえに、ボウルに氷水を用意しておいてね。

**7** 薄焼きたまごをフライパンからとり出して、くるくると巻く。はじから細く切る。

**8** 107ページの７、８と同じようにしてめんをゆでる。ザルで水気をきり、氷水につけて冷やす。

**9** うつわに★と７の薄焼きたまごを盛りつける。８の水気をよくきってのせ、◆のたれをかける。

スパゲッティを野菜といっしょにゆでると、野菜の味や香りがスパゲッティにうつるんだ。

# いろいろ野菜のスパゲッティ

野菜、生ハム、チーズ。それぞれのおいしさがたのしめるスパゲッティだよ。冷蔵庫にのこっている野菜があったら、なんでも使ってみてね。

## 2人分の材料

| | |
|---|---|
| スパゲッティ…80g | グリーンピース…10つぶ |
| じゃがいも…$\frac{1}{2}$こ（←30g） | |
| だいこん…25g | ★ ┌ 水…2ℓ |
| にんじん…25g | └ 塩…大さじ2 |
| かぶ…25g | 小さい生ハム…1人分4枚 |
| 玉ねぎ…$\frac{1}{4}$こ（←60g） | |
| しいたけ…15g | ┌ 粉チーズ…1人分大さじ1 |
| キャベツ…40g | ◆ |
| ブロッコリー…30g | └ オリーブオイル…1人分大さじ1 |
| ほうれん草…1かぶ | |

※最後にかけるオリーブオイルは、エクストラ・バージン・オリーブオイルがよい。

## つくり方 （はじめにやっておくこと）

皮をむいた$\frac{1}{2}$このじゃがいもをたて半分に切り、横に5mm厚さに切る。

だいこんは皮をむき、5mm厚さに切り、じゃがいもと同じくらいに切る。

にんじんは5mm厚さの半月切りに。かぶは5mm厚さのくし形に切る。

玉ねぎは、5mm厚さのくし形切りにする。

しいたけは、軸を切りおとす。半分に切ってから、5mm厚さに切る。

ブロッコリーは、食べやすい大きさに切る。

キャベツは、軽く丸めて1cm幅に切る。

ほうれん草は下の部分を切りおとしてから、5cm長さくらいに切る。

・・・・・・・・・・・・・・・・・・・・・・・・・・・・・・・・・・・・・・・・・・・・・・・・・

（野菜とスパゲッティをゆでる）

1

鍋に★を入れて、強火でわかす。わいたらじゃがいもを入れて中火にする。にんじんも入れる。

2

スパゲッティを入れて、全体をお湯にしずめる。

3

玉ねぎ、だいこん、キャベツ、グリーンピース、かぶを入れる。

ゆでる時間は、スパゲッティの袋を見てね。

このお湯も、味つけになるんだ。

（盛りつける）

6

4

スパゲッティがゆであがる1分まえになったらブロッコリー、ほうれん草、しいたけを入れる。

5

ゆであがったら、お湯をお玉で2はい分ぐらいすくってとってから、ザルにあけて水気をきる。

2つのうつわに盛りつけて、とっておいたお湯を好きな量かける。生ハムをのせ、◆をかける。

# フルーツトマトの 冷たいフェデリーニ

甘みのあるフルーツトマトのおいしさが味わえる、サラダみたいなパスタだよ。

トマトの皮は、お湯につけるとむきやすい。これを、「湯むき」というよ。

### 2人分の材料

フェデリーニ…80g

★┌ 水…2ℓ
  └ 塩…大さじ2

フェデリーニ

つくりやすい量の
ソースの材料

フルーツトマト…6こ
（←合計370gぐらい）

┌ にんにく…1g
◆│ 塩…小さじ$\frac{1}{2}$
 │ エクストラ・バージン
 └ ・オリーブオイル…50㎖

バジル…1枝

最後に加える塩…ひとつまみ

※フェデリーニは、細めのパスタ。
※ソースは少し多くできる。のこったら冷蔵庫で5日ぐらいとっておける。サラダにかけてもおいしい。

## つくり方 （はじめにやっておくこと：トマトを湯むきする）

このお湯は、あとで使うからすてないで。

フルーツトマトの皮に、包丁で×じるしの切り目を浅く入れておく。

ボウルに氷水を用意する。鍋に★を入れてわかし、トマトを3こ入れる。

10秒たったら、トマトを氷水にとり出す。のこりの3こも同じようにする。

×じるしのところから、皮をむく。

**1** 皮をむいたトマトを、たて半分に切り、ヘタを切りとる。

**2** 全部、またたて半分に切る。

**3** 2のトマトの半分をミキサーに入れる。◆を加えて、ミキサーにかける。

多ければ、とり分けて冷蔵庫に入れておいてね。

（フェデリーニをゆでる）

氷水で冷やすとちょっとかたくなるから、少し長くゆでるんだ。

**4** 3をボウルに入れて、のこりの2のトマトを入れる。バジルの葉をちぎって入れて、混ぜる

**5** トマトをゆでたお湯を、もういちどわかす。わいたらフェデリーニを入れる。

**6** 袋に書いてある時間より、2分ぐらい長くゆでる。ザルにあけて、水気をきる。

（ソースと合わせて、盛りつける）

**7** 氷水につけて冷やす。

**8** 冷えたらザルにあけて、手でギュッとにぎって、水気をしっかりきる。

**9** 8を4のボウルに入れて、塩をひとつまみ加えて混ぜる。2つのうつわに盛りつける。

# じゃがいものニョッキ

トマトソースととてもあいしょうのいい、
じゃがいものニョッキだよ。ゆでるまえに、
フォークでみぞをつけておくと、ソースがからみやすくなるよ。

## 2人分の材料

### つくりやすい量のニョッキの材料

じゃがいも…3こ
（←皮をむいて250gぐらい）

小麦粉…75g

たまごの黄身…1こ

塩…少なめのひとつまみ

★ ┌ 水…2ℓ
  └ 塩…大さじ2

### ソースの材料

┌ あらごしトマト…150g
◆ 無塩バター…30g
└ 塩…小さじ $\frac{1}{4}$

※ニョッキはつくりやすい量なので、
　2人分より多くできる。のこった分
　は、冷凍しておくとよい。

※じゃがいもは、「男爵」という種類が、
　この料理にはむいている。

※小麦粉は、たりないときや、ニョッ
　キをのばすときに、もう少し使う。

あらごし
トマト

ニョッキの生地をつくるときは、
あまりこねないようにすると、
ふわっとしたやわらかい
ニョッキになる。

## つくり方 （はじめにやっておくこと）

竹串をさしてみて、
スッととおればやわ
らかくなっている。

じゃがいもは皮をむいた
て半分に切る。また半分
に切り、横3等分に切る。

鍋に入れ、ひたるくらい
の水を加えて強火にかけ
る。わいたら中火にする。

10分ぐらいゆでて、やわ
らかくなったら、ザルに
あけて水気をきる。

ボウルに入れて、熱いう
ちにマッシャーや大きい
スプーンなどでつぶす。

（ニョッキをつくる）

**1**

じゃがいもが入ったボウルに、小麦粉を75g入れる

こねるとかたいニョッキになっちゃうから、こねないようにね！

**2**

手でおしたり、じゃがいもをうら返したりしながら、じゃがいもと小麦粉を合わせていく。

**3**

だいたい混ざったら、たまごの黄身と、塩を少なめのひとつまみ加える。

**4**

手で黄身をひろげて、生地をおしたり、おりたたんだりしながら、混ぜていく。

バットにクッキングシートをしいて、小麦粉を薄くひろげておいてね。

**5**

混ぜおわったら、ひとまとまりにする。

**6**

まな板に小麦粉を薄くひろげておく。**5**の生地をのせ、上からおして1.5cm厚さくらいにする。

**7**

上にも小麦粉を薄くひろげる。1.5cm幅くらいに切る。

**8**

手でころがして、丸いぼうのようにする。

**9**

はじから、1cmくらいに切る。

つぎのページにつづく ≫≫

**10** 切ったものは、できるだけくっつかないようにしながら、小麦粉を少しふって、まぶしておく。

**11** 大きめのフォークにも小麦粉をまぶす。⑩をのせて、親指で軽くおす。

> こうやってみぞをつけておくと、ソースがからみやすくなるよ。

**12** フォークの先のほうへ、生地をおしながらうごかして、くるんと丸める。

> 使わない分は、くっつかないようにして冷凍しておくといいよ。

**13** 丸めたものは、用意したバットに入れていく。ここでは2人分の200gを使う。

**（ニョッキをゆでて、ソースと合わせる）**

**14** フライパンに◆を入れて、中火にかける。バターがだいたいとけたら、火をとめておく。

**15** 鍋に★を入れてわかし、⑬を200g入れる。くっつかないように、最初だけやさしく混ぜる。

> しずんでいたニョッキが、だんだん浮いてくるよ。

**16** またわいてきたら中火にする。ニョッキが浮いてきてから、1分ぐらいゆでる。

**17** ザルにあけて、水気をきる。

> ここは煮こまないで、温めるくらいでいいよ。

**18** ⑭のフライパンを、中火にかける。⑰を入れ、軽く混ぜて温める。うつわに盛りつける。

# かぼちゃのニョッキ

生クリームとチーズのソースをからめた、
かぼちゃのニョッキ。おやつにしてもいいよ。

## 4人分の材料

**ニョッキの材料**

- かぼちゃ…$\frac{1}{4}$こ

  （←250g）
- 小麦粉…100g
- たまごの黄身…1こ
- 塩…ひとつまみ
- ★ 「 水…2ℓ
  └ 塩…大さじ2

**クリームソースの材料**

- 生クリーム…160㎖
- ◆ 「 粉チーズ…50g
  └ 塩…小さじ$\frac{1}{3}$
- 黒コショウ…好きなら少し

※小麦粉は、たりないときや、ニョッキをのばすときに、もう少し使う。
※黒コショウはなくてもよい。

ベタベタするから、
小麦粉をふりながらのばすといい。
ただし、かたくなるから
あまりたくさんふりすぎないでね。

## つくり方 （はじめにやっておくこと）

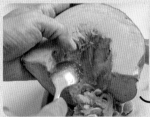

かぼちゃの種とワタをスプーンでとり、全体に水をつけ、ラップでつつむ。

電子レンジに10分ぐらいかけて、完全にやわらかくする。

さわれるくらいにさめたらラップをとり、大きいスプーンで実をとり出す。

実をボウルに入れて、ゴムベラでつぶす。

つぎのページにつづく >>

（ニョッキをつくる）

1 かぼちゃが入ったボウルに、小麦粉を100g入れる。

2 ゴムベラで、小麦粉をかぼちゃにかけておして、小麦粉をかぼちゃにまぶす。

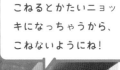
こねるとかたいニョッキになっちゃうから、こねないようにね！

3 手でおしたり、かぼちゃをうら返したりしながら、かぼちゃと小麦粉を合わせていく。

4 だいたい混ざったら、たまごの黄身と、塩をひとつまみ加える。

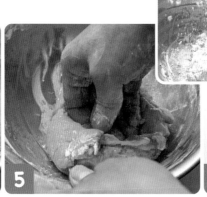

5 手で黄身をひろげて、生地をおしたり、おりたたんだりしながら、混ぜていく。

6 ベタベタするようなら、小麦粉を少したす。ボウルのまわりについた生地はヘラなどではがす。

バットにクッキングシートをしいて、小麦粉を薄くひろげておいてね。

7 まな板に小麦粉を薄くひろげておく。6の生地をのせ、上からおして1cm厚さくらいにする。

8 上にも小麦粉を薄くひろげる。1.5cm幅くらいに切る。

9 手でころがして、丸いぼうのようにする。

とっておくときは、くっつかないようにして冷凍しておくといいよ。

**10**
はじから、1.5cmくらいに切る。

**11**
切ったものは、できるだけくっつかないようにしながら、用意したバットに入れていく。

**12**
フライパンに生クリームを入れて、中火にかける。わいたら◆を加えて混ぜる。火をとめる。

しずんでいたニョッキが、だんだん浮いてくるよ。

**13**
鍋に★を入れてわかし、**11**を入れる。くっつかないように、最初だけやさしく混ぜる。

**14**
またわいてきたら中火にする。ニョッキが浮いてきてから、2分ぐらいゆでる。

**15**
ザルにあけて、水気をきる。

ここは煮こまないで、温めるくらいでいいよ。

**16**
**12**のフライパンを、また中火にかける。**15**を入れる。

**17**
ゴムベラで軽く混ぜて温める。うつわに盛りつける。好みで黒コショウを少しかけてもよい。

121

## 男爵とメークイン

じゃがいもは、いろいろな料理に使われているね。じゃがいもにも、いろいろな種類があるよ。よく使われているのは、「男爵」と「メークイン」という品種だ。男爵は、丸っぽい形で少しごつごつしている。メークインは少し楕円形で、表面がすべすべしている。

男爵は、ゆでるとホクホクになるから、マッシュポテトやポテトサラダ、コロッケなどにむいているといわれる。煮ものに使うとくずれやすいから、火加減に注意してね。メークインは、ゆでるとねっとりとした食感になる。煮てもくずれにくいから、カレーやシチューなど、じゃがいもの形をのこしたい煮こみ料理にむいているといわれる。ポテトサラダも、四角く切ったじゃがいもの形をきれいにのこしたいときや、ねっとりした食感が好きなら、メークインでつくってもいいよ。

じゃがいもは、ほかにもいろいろな品種があるよ。中が黄色くて甘みの強いものや、むらさき色のものもある。いろいろなじゃがいもで同じ料理をつくってみて、食べくらべてみるのもいいね。

**男爵**　　　**メークイン**

## どうして野菜を食べるのかな？

肉や魚、たまごなどに多くふくまれる「タンパク質」、ごはんやパン、めんなどに多くふくまれる「炭水化物」、植物油やバターなどの「脂質」は、人間の体をつくったり、エネルギーになる大事な栄養素で、「三大栄養素」といわれる。じゃあ、野菜には、どんな栄養素があるんだろう？　なんで、野菜を食べるのかな？

野菜に多くふくまれる栄養素は、ビタミン、ミネラル、食物繊維だよ。ビタミンやミネラルにはいろいろな種類があって、ほかの栄養素がはたらくのを手伝ったり、体の調子をととのえる役目をしている。ミネラルの中には、体をつくる材料になるものもあるよ。とても大切な栄養素なんだ。食物繊維は、人間の胃や小腸で消化されないから、昔は役に立たないものと考えられていたんだけど、じつは健康のために、とても重要な役割をはたしていることがわかったんだ。おなかの調子をととのえて、便秘になりにくくするのも、食物繊維のはたらきだよ。食物繊維は豆やきのこ、海そうにも多くふくまれているよ。

こんなふうに、食べものの栄養素にはそれぞれの役割があるから、いろいろなものをバランスよく食べることが大切なんだね。

\ビタミン／　\ミネラル／　\食物繊維／

# 野菜でつくるおやつ

...........

おやつだって、野菜でつくれちゃう。甘いお
やつなら、かぼちゃやさつまいもを使ったお
菓子がおすすめ。ほうれん草がおいしい食パ
ンのキッシュや、キャベツたっぷりのお好み
焼きは、ボリューム満点だから、お休みの日
のお昼ごはんにもぴったりだよ。

# じゃがいものガレット

外側がカリカリで、もっちりとしておいしいわよ！
レストランでは、肉や魚料理のつけ合わせにも
使われるけど、おやつにもぴったり。

### 2枚分の材料

じゃがいも…2こ
　　（←合計300gぐらい）
塩…小さじ$\frac{1}{2}$
黒コショウ…少し
オリーブオイル
　　…大さじ4と小さじ2
無塩バター…大さじ2

※じゃがいもは、「男爵」とい
　う種類がこの料理にはむい
　ている。
※フライパンは、直径19cm
　のものを使った。

切ったじゃがいもを
水につけないのがポイント。
水につけると、焼いたときに、
ばらばらになりやすいの。

## つくり方 （はじめにやっておくこと）

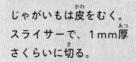

スライサーを使うと
きは、指を切らない
ように気をつけてね。

じゃがいもは皮をむく。
スライサーで、1mm厚
さくらいに切る。

少しずつかさねて、横に
ならべる。

はじから、1mm幅くら
いに細く切っていく。

124

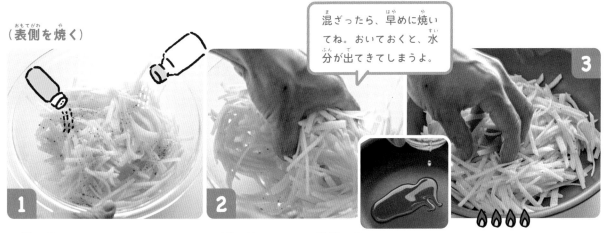

**（表側を焼く）**

混ざったら、早めに焼いてね。おいておくと、水分が出てきてしまうよ。

**1** 細く切ったじゃがいもをボウルに入れて、塩小さじ $\frac{1}{2}$ と黒コショウを少しふる。

**2** 塩と黒コショウが全体に混ざるように、手でもんで混ぜる。

**3** フライパンにオリーブオイルを大さじ1入れて、中火にかける。**2**の半分をひろげて入れる。

下の面に、こんがり焼き色がつけばいいよ。

**（うら側を焼く）**

**4** ゴムベラで、丸く形をととのえる。

**5** まわりに小さじ1のオリーブオイルをぐるっと入れる。5分から6分ぐらい焼く。

**6** 火をとめて、上にペーパータオルを1枚のせて、大きいお皿などをかぶせる。

焼いていない面を下にして入れるよ。

**7** お皿の底を手でおさえて、フライパンをうら返してとり出す。

**8** フライパンに、オリーブオイルとバターを大さじ1ずつ入れて、中火にかける。**7**をもどす。

**9** 5分から6分焼いて、下の面もカリッとさせる。もう1枚も**3**〜**9**と同じようにして焼く。

じゃがいもは、
ゆでたあとに火にかけて、
少し水分をとばして
おくのがコツだよ。

# じゃがいももち

もちもちした食感と、
甘じょっぱい味がおいしいよ。
のりで巻きながら食べると、
何こでも食べられちゃうぞ。

## 9こ分の材料

じゃがいも…3こ
（←合計450gぐらい）
塩…小さじ1

┌ かたくり粉…大さじ2
★ 塩…少し
└ コショウ…少し

┌ 酒…大さじ3
◆ みりん…大さじ3
└ しょうゆ…大さじ1と$\frac{1}{2}$

サラダ油…大さじ1
バター…10g
焼きのり…好きな量

※じゃがいもは、「男爵」という種類が、
この料理にはむいている。

## つくり方（はじめにやっておくこと）

やわらかくなったか
どうかは、竹串をさ
してしらべるといい。

じゃがいもは皮をむいた
て半分に切る。また半分
に切り、横4等分に切る。

鍋に入れ、かぶるくらい
の水と塩を入れて中火に
かけ、15分ぐらいゆでる。

やわらかくゆであがった
ら、ザルにあけて水気を
きる。鍋にもどす。

弱火にかけて、こげない
ようにヘラで混ぜながら、
水分を少しとばす。

126

（じゃがいもを
つぶして丸める）

マッシャーがなければ、すりこぎなどを使うといい。

1 水分をとばしたじゃがいもを、ボウルにうつす。熱いうちにマッシャーでつぶす。

2 ★を入れて、なめらかになるまでゴムベラで混ぜ合わせる。

3 2を9等分する。丸めてから、指で少しつぶして、えんばん形にする。

（じゃがいももちを焼く）

4 9ことも同じ形にしておく。◆の調味料を混ぜ合わせて、たれをつくっておく。

5 フライパンにサラダ油大さじ1と、バター10gを入れて、中火にかける。4をならべて入れる。

6 下の面に焼き色がついたら、フライ返しでうら返す。うらにも焼き色がつくまで焼く。

こうすると、たれがからみやすくなるよ。

7 おりたたんだペーパータオルで、フライパンのよぶんな油をふきとる。

8 ◆のたれを入れる。

9 煮つまってきたら、じゃがいももちをうら返してたれをからめる。うつわに盛りのりをそえる。

127

# パンキッシュ

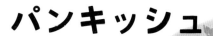

食パンを使ってつくるから簡単！
たまごとあいしょうのいい、
ほうれん草をたっぷり入れてつくってみて。

## 2枚分の材料

4枚切りの食パン…2枚

たまご…1こ

┌ 牛乳…70㎖
★ 生クリーム…40㎖
└ 塩…小さじ $\frac{1}{5}$

玉ねぎ… $\frac{1}{8}$ こ

ほうれん草
　…$\frac{1}{2}$わ（←100gぐらい）

厚切りのベーコン…25g

無塩バター…5g

塩…2つまみ

ピザ用チーズ…好きな量

※ほうれん草は、ひもでたばねたり、袋に入れて売られ
　ている。このまとまりを、「わ」と数える。

パンに入れる切りこみは、
**パンの厚みの半分**
くらいまでにしてね。
深すぎると、たまご液が
下にしみてしまうわよ。

## つくり方 （はじめにやっておくこと）

食パンは、みみから1cm
ぐらい内側に、包丁で浅
い切りこみを入れる。

切りこみの内側を、指で
軽くおして、少しへこま
せておく。

玉ねぎは、横に4mm厚
さに切る。ほうれん草は、
2cm長さに切る。

ベーコンは、たて1cm、
横1cmくらいに切る。

（具を炒める）

**1** フライパンにバターを入れ中火にかける。ベーコンと玉ねぎ、塩をひとつまみ入れ、炒める。

**2** 玉ねぎが少ししんなりしたら、ほうれん草を入れる。塩をひとつまみふり、炒める。

**3** ほうれん草がしんなりしたら、バットに全部とり出す。

（パンキッシュをつくる）　*オーブンは、焼きはじめられそうな時間に合わせて、180℃に予熱しておく。

**4** ラップをかけて、少しさめるまでおいておく。

> 表面をかわかすためなので、焼き色がつくまで焼かなくていいよ。

**5** 食パンの表側を上にして、オーブントースターで2分ほど焼く。うら返してまた2分ほど焼く。

**6** ボウルにたまごを入れて、泡立て器でほぐす。★を加えて混ぜ合わせて、たまご液をつくる。

> 具は、トングではさんで入れてもいいよ。

**7** **4** が少しさめたら、**6** に入れる。

**8** **5** のパンのへこんだ部分に、**7** を入れる。

**9** チーズをたっぷりのせる。180℃のオーブンで10分焼く。焼き目がついていたらできあがり。

# お好み焼き

たっぷりのキャベツが、あっというまに食べられちゃうぞ。
いろいろな具が入っているから、栄養のバランスもいい。

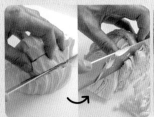

具を入れたあとは、
空気を入れるように、
さっくり混ぜよう。

## つくりやすい量の材料

豚こま切れ肉…150g

キャベツ…$\frac{1}{6}$こ

山いも…60g

乾燥さくらえび…5g

天かす…10g

たまご…1こ

だし…80ml

小麦粉…80g

塩…2つまみ

コショウ…少し

サラダ油…大さじ2

お好み焼きソース
　…好きな量

┌ かつおぶし…好きな量
★
└ 青のり…好きな量

マヨネーズ…好きな量

※小麦粉は、粉ふるいでふるっ
て、かたまりをなくしておく
とよい。

## つくり方 （はじめにやっておくこと）

| | | | |
|---|---|---|---|

キャベツは芯を切りとり、
4等分のくし形に切って
から、横1cm幅に切る。

山いもは、ピーラーで皮
をむく。おろし金ですり
おろす。

豚肉は、1cm幅くらいに
切る。

全体に、塩2つまみとコ
ショウを少しふりかけ、
包丁でたたいて混ぜる。

（生地をつくって具を混ぜる）

*ホットプレートは、200℃にセットしておく。

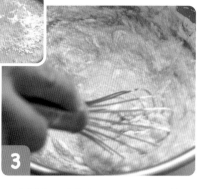

**1** たまごをわって、ボウルに入れる。だしを加えて、泡立て器でよく混ぜ合わせる。

**2** すりおろした山いもを入れて、よく混ぜ合わせる。

**3** 小麦粉を $\frac{1}{3}$ 量くらい入れて、泡立て器でよく混ぜる。

> ここは、あまりねらないで、空気を入れるようにして混ぜるよ。

（ホットプレートで焼く）

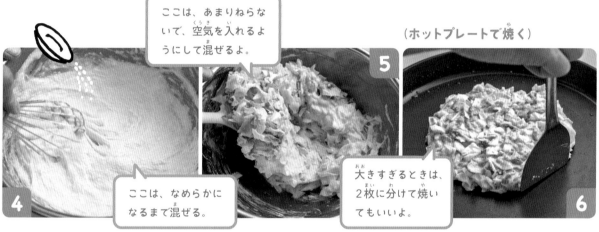

> ここは、なめらかになるまで混ぜる。

> 大きすぎるときは、2枚に分けて焼いてもいいよ。

**4** のこりの小麦粉の半分を入れて、またよく混ぜる。混ざったら、のこりの小麦粉を入れて混ぜる。

**5** 豚肉、キャベツ、さくらえび、天かすを入れる。ゴムベラで、さっくり混ぜ合わせる。

**6** 200℃のホットプレートにサラダ油をぬる。**5**を2cmぐらいの高さに入れて、丸い形にする。

**7** 4分ぐらい焼いて、下の面に焼き色がついていたら、2本のフライ返しで一気にうら返す。

**8** うらも4分ぐらい焼く。うらにも焼き色がついたら、もういちどうら返して、2分ぐらい焼く。

**9** はけでお好み焼きソースをぬって、★をちらす。うつわに盛りつけ、横にマヨネーズをのせる。

# 野菜のカップケーキ

ホットケーキミックスを使ってつくる、
野菜入りのカップケーキ。
スープと合わせてお昼ごはんにもいいわよ。

中に入れた野菜は、
しずまないように
生地と混ぜておくの。
野菜は上にもたっぷり
のせるといいわよ。

## 5こ分の材料

ホットケーキミックス
　…200g

たまご…1こ

塩…2つまみ

牛乳…160㎖

ズッキーニ…$\frac{1}{4}$本

赤パプリカ…$\frac{1}{4}$こ

ミニトマト…5こ

缶詰のコーン…大さじ5

ピザ用チーズ…好きな量

※型は、高さ5cmのマフィン
　用紙カップを使った。

## つくり方 （はじめにやっておくこと）

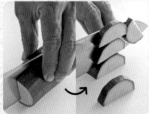

ズッキーニはたて半分に
切ってから、1cm厚さの
半月切りにする。

パプリカは、たて1cm幅
くらいに切ってから、

横にも1cm幅くらいに
切る。

ミニトマトはヘタをとり、
たて半分に切る。コーン
は水気をきっておく。

（生地をつくる）

水の量は、使うホットケーキ
ミックスによってかわるから、
ようすを見ながらたしてね。

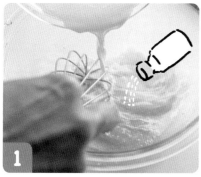

**1** たまごをわって、ボウルに入れる。塩を入れて、泡立て器で混ぜる。牛乳も入れてよく混ぜる。

**2** 別のボウルにホットケーキミックスを入れる。そこに**1**を入れる。泡立て器でよく混ぜる。

**3** 全体にとろっとすればよい。とろっとしないときは、水を少したして混ぜる。

（型に入れて焼く）

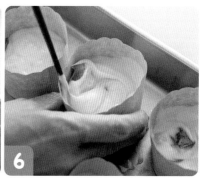

**4** 型にコーン大さじ1、ミニトマト$\frac{1}{2}$こ、ズッキーニ1枚、パプリカ5切れずつを入れる。

**5** **3**の生地を、型の高さの半分まで入れる。

**6** はしなどで、野菜と生地を混ぜておく。

**7** のこりの野菜を、上にバランスよくのせる。

**8** 上に、ピザ用チーズをのせる。天板にのせて、180℃のオーブンで、20分焼く。

**9** 竹串をさしてからぬいて、どろっとした生地がついてこなければ、できあがり。

## 12こ分の材料

さつまいも…2本
　（←皮をむいて400gぐらい）

グラニューとう…40gぐらい

無塩バター…50g

生クリーム…70㎖

たまごの黄身…1こ

★ ┌ たまごの黄身…1こ
　└ みりん…小さじ1

※スーパーに売っている、焼きいもを使ってもよい。その場合は温めて皮をむき、つくり方２からスタート。

※型は、アルミケースを使った。

# スイートポテト

さつまいもの自然な甘みをいかしたスイーツよ。
さつまいもによって甘さがちがうから、
グラニューとうの量は、調整してね。

さつまいもが熱いうちに、
バターやグラニューとうなどの
材料を混ぜてね。
ビニール袋を使うと簡単よ。

## つくり方　（はじめにやっておくこと）

やわらかくなったかどうか
は、ラップの上から竹串を
さしてしらべるといいよ。

さつまいもは、ピーラーで皮をむく。

ペーパータオルを水でぬらしてからしぼり、さつまいもをつつむ。

ラップでつつんで、電子レンジに10分から13分くらいかける。

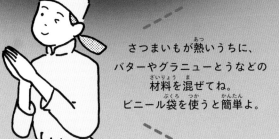

★は混ぜ合わせておく。

かたまりが少しのこっていてもいいよ。

**1** 手に軍手などをはめて、熱いうちにさつまいものラップとペーパータオルをはずす。

**2** 少し大きめのビニール袋に入れて、袋の上からにぎって、少しつぶす。

**3** グラニューとうとバターを入れて、またビニール袋の上からにぎってつぶしながら、混ぜる。

**4** 混ざったら、生クリーム70mℓを入れる。

**5** ビニール袋の上からもんで、混ぜる。

**6** 混ざったら、たまごの黄身を1こ入れる。

（型に入れて焼く）

**7** また、ビニール袋の上からもんで、混ぜる。

**8** 全体に混ざったら、スプーンを2本使ってケースに入れる。表面を、指で少しなめらかにする。

**9** 表面に★をはけでぬる。オーブントースターで、10分ぐらい焼いて、焼き目をつける。

# かぼちゃはおもしろい！

## ● ハロウィンとかぼちゃ

かぼちゃといったら、10月31日のハロウィンだね！ でも、なんでかぼちゃなんだろう？ ハロウィンのもとになっているのは、昔のアイルランドやスコットランドの人たちがやっていた、とれた農作物に感謝するお祭りといわれている。そしてこの日は、死んだ人のたましいが、生きている人たちの世界に帰ってくるとも信じられていて、そのときに、悪い霊もいっしょにやってくると考えられていた。おばけのかっこうやいろいろな仮装をして、この悪い霊をおいはらったり、おそわれないように、なかまのふりをしたというわけ。

そのときに、大きなかぶなどの中をくりぬいて、ろうそくを入れたあかりが使われていたんだ。そう、もともとはかぼちゃじゃなかったんだね。アイルランドやスコットランドの人たちがアメリカに移住したときに、アメリカでもこのお祭りをしたんだけど、アメリカにはかぶがあまりなかったんだって。だから、かわりに、たくさんあったかぼちゃが使われたんだ。それからアメリカの人たちも、

少し形をかえてこのお祭りをたのしむようになって、それが日本にもつたわった。だから日本でははじめから、ハロウィンといえば、かぼちゃのイメージだね。

日本で食べられているかぼちゃは、皮が緑色で中がオレンジ色のものが多いけれど、ハロウィンのときに見かけるかぼちゃは皮もオレンジ色だね。かぼちゃはいろいろな種類があるんだ。その中には、ハロウィンのかぼちゃみたいに、かざりに使われたり、見てたのしむためのかぼちゃもあるんだよ。食べておいしいかぼちゃの中にもいろいろな種類がある。細長い形をしたズッキーニも、じつはかぼちゃのなかまなんだ。

いろいろあるよ、かぼちゃのなかま

## ● 冬至とかぼちゃ

かぼちゃと関係のある行事は、ハロウィンだけじゃない。「冬至」もそうだよ。冬至は1年で、いちばん昼の時間が短くて、夜の時間が長くなる日だ。だいたい12月22日ごろだよ。日本では昔から、この日にかぼちゃを食べる習慣がある。なぜかぼちゃかというと、この日に「ん」のつく食べものを食べると、「運」がよくなると考えられていたからなんだって。でも、「かぼちゃ」には

「ん」がつかないよって、思ったかな？ じつは、かぼちゃにはもうひとつ呼び方があって、「なんきん」というんだ。ほかには、「れんこん」「にんじん」「ぎんなん」なども食べられてきたよ。でも冬至にかぼちゃを食べる理由はそれだけじゃない。寒い冬に栄養たっぷりのかぼちゃを食べて、かぜなどをひかないようにする意味もあるんだ。

かぼちゃがとれるのは、夏から秋にかけてだけど、しばらくおいたほうが甘みが強くなるから、おいしいのは秋から冬だよ。

# パンプキンパイ

かぼちゃはお菓子にもよく使われる野菜だね。
ケーキやプリンもいいけれど、
バターたっぷりのパイ生地と合わせた
パイもおいしいわよ！

上にかぶせるパイシートは、中身をつめると少しもちあがるから、めんぼうでのばして少し大きくしておくのよ。

## 4こ分の材料

かぼちゃ…$\frac{1}{4}$こ

★
┌ グラニューとう…25g
│ 塩…ひとつまみ
└ 生クリーム…20㎖

冷凍パイシート…2枚

小麦粉…パイシートに薄く
　　　まぶせる量

◆
┌ たまごの黄身…1こ
└ 水…少し

※冷凍パイシートは、20cm
　×20cmのものを使った。
　10cm×10cmのパイシー
　トなら8枚使う。

※かぼちゃは、皮をはずして
　350gぐらいになるものを
　使う。

## つくり方 （はじめにやっておくこと）

かぼちゃは種とワタをス
プーンでとり、ラップで
つつむ。

電子レンジに10分から
13分かけて、完全にやわ
らかくする。

パイシートは、冷凍庫か
ら出しておいて解凍する。

つぎのページにつづく ≫ 137

（中身をつくる）

熱いから気をつけてね。

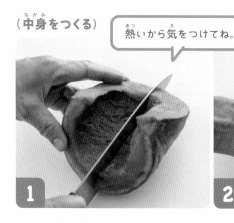

**1** まだ少し熱いうちに、かぼちゃのラップをはずす。半分に切る。

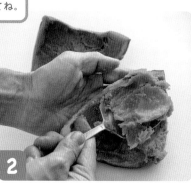

**2** まだ少し熱いうちに、スプーンで実をとる。

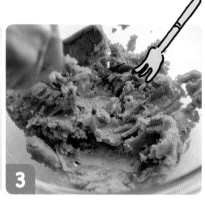

**3** 実の部分350gをボウルに入れ、フォークであらくつぶす。

**4** ★を加える。

**5** ゴムベラで、よく混ぜ合わせる。

**6** ボウルの中でだいたい4等分にして、さましておく。

（パイシートを切る）

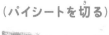

上にのせるほうのパイシートは、こうやって少し大きくしておく。

**7** まな板に小麦粉を少しふって、パイシートを1枚おく。上にも小麦粉を少しふってひろげる。

**8** 上にめんぼうをころがして、少しだけのばす。

**9** **8**を半分に切る。両方ともまた半分に切る。

下になるパイシートはのばさなくていい。

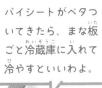

パイシートがベタついてきたら、まな板ごと冷蔵庫に入れて冷やすといいわよ。

**10**

**11**

**12**

9に全部、切りおとさないように注意しながら、包丁で、切りこみをたてに4本入れておく。

もう1枚のパイシートは、小麦粉をふったまな板の上で、のばさないでそのまま半分に切る。

11を、両方ともまた半分に切る。

（パンプキンパイをつくる）

*オーブンは、焼きはじめられそうな時間に合わせて、210℃に予熱しておく。

**13**

**14**

**15**

オーブンの天板にクッキングシートをしいて、12をのせ、上に6のかぼちゃをのせる。

◆は、小さいボウルに入れて混ぜておく。かぼちゃのまわりに、はけで◆をぬる。

上に10のパイシートを1枚ずつかぶせる。

**16**

**17**

まわりにフォークをおしつけながら、上と下のパイシートをくっつける。

上全体に◆をぬる。210℃のオーブンで、12分から15分焼く。

139

切った野菜は、
水にしばらくつけておくと、
パリッとした
野菜チップスになる。

**材料**

じゃがいも、さつまいも、
れんこん…全部好きな量
サラダ油…揚げやすい量
塩…好きな量

# 野菜チップス

パリパリの野菜チップスも、スライサーを使えば簡単だよ。
スライサーの使い方と熱い油に注意して、つくってみてね。

（野菜をスライサーで切る）

水につけると、でんぷんがぬけて、パリッと揚がるよ。

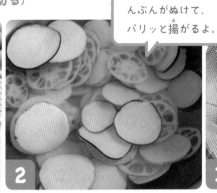

**1** 野菜は洗う。ボウルに水を入れておく。その上で、スライサーを使って、野菜を薄く切る。

**2** 水に20分ぐらいつけておく。

**3** ザルにあけて、しっかり水気をきる。

（油で揚げる）

いっぺんに入れると油の温度が一気にさがるから、少しずつ入れるよ。

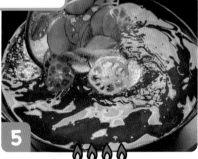

**4** 鍋にサラダ油を多めに入れて、中火にかける。170℃くらいになったら、**3**を少しずつ入れる。

**5** ときどき、あみじゃくしでしずかに混ぜながら、少し茶色っぽくなるまで揚げる。

**6** あみじゃくしでザルにとり出して、油をきる。

**7** バットにペーパータオルをしいて、**6**をのせ、油をもう少しすわせる。塩を少しふる。

# ポテトフライ

おいしいポテトフライが、
自分でつくれたらいいね。
じっくり時間をかけて揚げてね。

小麦粉をつけて揚げると、
カリッとした
ポテトフライになるよ。

## 材料

じゃがいも…好きな量
小麦粉…全体に薄く
　　　まぶせる量
サラダ油…揚げやすい量
塩…好きな量

## つくり方 （はじめにやっておくこと）

じゃがいもは洗って、皮
つきのまま、たて1cm厚
さに切る。

たて1cm幅のぼうのよ
うに切る。

水に20分ぐらいつけて
おく。

（小麦粉をまぶす）

ザルで水をきる。

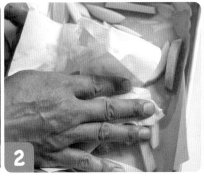

ペーパータオルをしいたバット
に入れ、ペーパータオルをかぶ
せて上からおさえて水気をとる。

ボウルに入れて、全体に薄くま
ぶせるくらいの小麦粉を入れる。

（油で揚げる）

全体にまぶしつける。

鍋にサラダ油を多めに入れて、
中火にかける。160℃くらいに
なったら、4を少しずつ入れる。

ときどき、あみじゃくしでしず
かに混ぜながら、10分ぐらい揚
げる。

少し茶色っぽくなったら、あみ
じゃくしですくって、

ザルにとり出して、油をきる。

バットにペーパータオルをしい
て、8をのせ、油をもう少しす
わせる。塩を少しふる。

# 野菜はすごい！

シェフが先生！
小学生から使える、子どものための
野菜たっぷり料理本

初版発行　2021年12月25日
3版発行　2024年 9 月10日

編 者 ©　………………………… 柴田書店

発 行 者　………………………… 丸山兼一

発 行 所　………………………… 株式会社 柴田書店
　　　　　　　　　　　　　東京都文京区湯島3-26-9
　　　　　　　　　　　　　イヤサカビル 〒113-8477
　　　　　　　　　　　　☎ 03-5816-8282（営業部：注文・問合せ）
　　　　　　　　　　　　☎ 03-5816-8260（書籍編集部）
　　　　　　　　　　　　　https://www.shibatashoten.co.jp

印 刷・製 本　………………………… 公和印刷株式会社

ISBN 978-4-388-06345-1
Printed in Japan ©Shibatashoten 2021